成功路上，遇見心想事成的自己

運用潛意識，你想的會成真

マーフィー100の成功法則

大島淳一 著　　蘇俊次 譯

前言

我第一次看到摩菲（Murphy）博士所寫的書，是在二十五、六歲的時候，那時候我是以留學生的身分，住在英國，一次偶然的機會中，在書店看到《你也能成為富翁》這本書。當時，我僅站著隨便翻了幾頁，有許多地方，頗能引起我的共鳴，所以便立刻買下來。我一口氣就看完了書。剎那間，我所感受到的激動之情，永生難忘。於是我又反覆看了好幾遍。每天閱讀二、三頁，慢慢細讀全文。僅僅在留學英國的期間，我就把這本書看了五、六遍。詳細閱讀過其內容之後，我愈來愈堅信，長久以來，我所追求的東西，可能就是宇宙間的真理。後來，我也涉獵了東、西方的哲學、宗教書籍，更使我相信，一切都指向同一真理！

現在我要談談為什麼我會去追求學術以外的人生真理？以下便根據我的體驗，略作說明。保羅目睹了耶穌的復活，馬丁路德看到朋友被雷打死，而觸發了宗教的靈感。可是平凡的我，卻沒有這種戲劇性的體驗。不過也許像我這樣，沒有遇到過外來重大事件的人所經歷的體驗，對一般人來說，可能更有參考價值。

我一直感到很不可思議的是，富裕且生活過得很幸福的人，和本身的智商似乎沒有什麼關係。做事憑良心、為人忠厚，好像也和財富、幸福沒有太大的關聯。再說，即使一流大學畢業，或是唸過研究所的人，擁有聰明頭腦，也和成功沒有一定關係。因為我曾親眼目睹過許多實例。

以我個人為例，家父是在封建社會中成長的人，他的個性霸道，任性且懶惰，可是他過得相當幸福，也很長壽。而家母是一位慈祥、老實又勤勉的女人，可是她一生幾乎沒有過過安寧的日子，最後還因罹患惡性疾病而死。再說我的兄弟中，忠厚老實的人、頭腦聰明的人，並不一定都很幸福、很成功。觀察中學時代的同學，小時候是「神童」，可是進了中學，在學業方面卻不一定很優秀。富裕的人，也不一定過豐富的生活。

如此看來，這不是一件不公平的事嗎？我在大學時代，曾經將這些不可思議的人生問題，詢問過哲學教授。當時教授回答：「這個世界上的矛盾現象，好人並不一定過得很幸福，此一事實就是讓人推測死後世界存在的最有力證據。」當時該教授還引用了不知道是康德還是歌德說過的話：「看到這個世界上的好人如何的不幸，更使人堅信死後審判的存在。」

當時我也同意這種說法，可是後來卻想：能不能使這個世界上的好人，過著富裕而幸福的生活？如今回想起來，我發現自己的想法很正確。後來我得知達爾文說過一句話：「想要在學術上成功，心態（心理狀態）比頭腦聰明與否更為重要。」這句話讓我彷彿見到一線光明。

達爾文首先提出進化論，是位頭腦相當聰明的人，但是他在大學時的成績並不好，曾使他的父親感嘆：「如果他的妹妹是男孩子該有多好！」我靈機一動，發現如果把達爾文話中的「學術」，改成「人生」或「工作」，那不是更恰當嗎？也就是說：「在人生（工作）上的成功，心態比頭腦聰明與否更重要。」這裡所說的「心態」，並非指「忠厚老實」「勤勉」「意志堅強」等修身道德所強調的東西。

我一向很關心萊布尼茲（Liburnitz）以後的德國哲學，我認為德國哲學所指向的是「把宇宙整體看成是一個精神」這一點。我發現把象徵意志宇宙，和佛洛伊德、容格以後的潛意識學連接起來的時候，才有可能產生「可能實踐的哲學世界觀」。偶然看到摩菲博士的著作後，更堅定我此一信念。

本來有關如何賺錢的書，是不適合一個留學生去研讀的。但平時我就關心英、美二國領先全世界的原因，可能是他們對財富的看法比較進步，所以我尤其關切美國人的致富術。摩菲博士的著作《賺錢術》，其實是一本深入探討心態，且最具實踐性的一本書。我衷心感激那個偶然的機會，讓我能夠發現這本書和這位作者。

我是在極貧困的狀態下，完成了大學教育。我的智商屬於中等以上，這一點，從我小學和中學時的成績都屬優異就可以證明。在健康方面，我天生體弱，小學高年級時，學校還禁止我上體育課，可是我不僅完成了大學教育、讀完了研究所，同時，在一般富家子弟都不容易到國外留學的時代，還能到歐洲留學，進而到美國研究，取得學位，這實在是一件奇蹟。再說，這一段期間內，我也沒生過什麼大病，皆能保持健康，連冬天也沒有感冒過。

現在我有足夠的經濟能力，過著富裕的生活，除了在大學教書，每天埋首於自己的研究工作。我認為我今天能有這樣的成就，並不是靠我的智商，也不是靠我的體力，更不是靠我父母留給我的財富，完全是靠我的「心態」。我過去曾獲得老師和好朋友的協助，到現在，這些人仍繼續在幫助我。

我的朋友和田次郎，從紐約帶回摩菲博士的新著《睡眠成功術》，當作禮物送我。這本書被翻譯成日文出版以後，在短期間內，就再版了將近二十次，也幫助了許多人，為了想進一步了解摩菲博士理論的人，我又繼續出版了《這樣你就能成功》，以淺易的對話方式深入解釋。後來我埋首於研究自己的事業，沒有時間再翻譯摩菲博士的著作，而把該項工作委託給友人。除了《你也能成為富翁》一書委託和田次郎翻譯，有關摩菲博士的著作皆陸續出版。

根據出版社調查，讀者對於摩菲博士的著作愈來愈感興趣，很希望有一本集各書精華的精華版，而我也接到許多讀者來信表達同樣意見，於是這一次特別編輯本書，作為摩菲博士的精華集，獻給各位。本書的內容，是從摩菲博士的言論中，挑選最重要的一百則，再加上我的意見，詳細解說。書中舉出的許多例子，雖然看起來令人感到很不可思議，像是奇蹟或偶然事件，但都是作者摩菲博士親眼目睹或體驗的事實。

本書中的每一條法則，都包含了許多真理，也是絕對可以實現的。你必須反覆閱讀一百遍，因為摩菲博士的潛意識理論，是屬於非常高層次的理論，故必須不厭其煩地詳讀。我自己在編寫這本書時，也常常不厭其煩的唸著同一條法則。我相信只要反覆閱讀本書內容二十次之後，你會發現，一切的狀態將和現在不一樣。最好讀完一遍之後，就在空白處寫上寶貴心得並註明閱讀日期，你一定會發覺，在精神上及物質上，一次比一次都有顯著的進展。

相信各位讀者各有不同的職業，身處不同環境，也各有不同的願望。但是，不管你的願望如何與眾不同，如何高不可攀，只要能好好利用潛意識，最後一定能實現。我希望你趕快加入這些欣欣向榮的人群中，加入幸福、富裕、成功者的行列。因為幸福的人、富裕的人、成功的人，不管他本人有沒有感覺，全都是在實踐潛意識法則。如果你過去不太幸福、不太富裕、也不太成功，那就表示你沒有充分利用你的潛意識，希望你趕快利用本書學習利用潛意識的技巧。因為這種技巧，並不需要太大的努力，即使在睡眠中也可以做到。

然後你必須利用空餘的時間，加深對有關潛意識理論的認識。摩菲博士教給我們的內容，愈是了解理論，愈能快速、確實地收到實際效果。不過，如果你對理論實在不感興趣，只要把一切都交給潛意識去發揮就行了。

大島淳一

目錄

願望／目標篇

事業／工作篇

財富篇

健康篇

社交／家庭／生活篇

夢／睡眠篇

1 你能左右自己的命運

潛意識好比一部萬能的機器，但是這部機器不會自己開動，能使它運轉的，只有你的信念。

潛意識像是一部萬能的機器，任何事情都可以辦到。但需要一個人來操作它，而這位操作員，就是你的心，也就是你的信念。所以我說：「你能左右自己的命運！」就是從這個道理而來。

怎麼做才能任意駕馭萬能的潛意識呢？簡單地說，只要你有信心控制，只讓好的印象或暗示進入潛意識就可以了。你可以選擇即將發生好事情的印象，交給潛意識。不管是身體較弱，或是腦力較差、意志力薄弱的人，都應該可以做到這些選擇！因此，摩菲法則可以說是任何人都能夠使用的法則。

我們要不斷用充滿希望和期待的話來和潛意識交談，這樣一來，潛意識就會讓你的生活狀況變得明朗，讓你的希望和期待實現。高速跑車的油門，並不會比一般低速汽車的油門重，反而只要輕輕踩踏就可以了，同樣的道理，想要讓萬能的潛意識自己開始活動，也不必特別使勁，或是做其他特殊的努力。只要你不去想會傷害自己的事情，而選擇有積極性、建設性的事情，你就可以左右自己的命運。

我有兩位朋友，同年從同所大學的同科系畢業，然後又進入同一機構工作，其中A先生住在一棟公寓裡，相當滿足，認為只要維持現狀就可以了。而B先生則住在一棟木造的出租房屋中，希望將來能擁有一棟有花園的小洋房，七年後，A先生依然住在公寓裡，而B先生則在郊外建造了一棟屬於自己的房子。關於二人的客觀條件，B先生比較不利，但他卻能如願以償。

圓夢小語

我擁有積極、正面的人格特質。

2 讓心來掌舵潛意識的船

潛意識就像一艘船，而你的信念則是船長。只要船長想向右轉，四十萬噸的大輪船，也是聽他的命令向右轉。

潛意識所能影響的範圍，可普及到全宇宙。但不會因為它的體積龐大，而難以運用。即使是一艘四十萬噸的大輪船，也要遵守體積不大的船長指揮。

如果船長認為：「我沒有辦法掌舵這麼大的一艘船！」那麼這艘船就無法開動。船長必須對這艘船有信心才能開動。事實上，像座山一樣大的一艘船，只有駕駛過它的人，才能體會到其中的感覺。可是這時候，船長不一定要知道船舵的構造如何。

幾年前，有一位女大學生在聖誕節那天早上，在一家高級服飾店的櫥窗裡，看到一個相當昂貴的旅行皮箱。當時她正準備回鄉下渡假。她差一點就說出：「我很想要那個旅行箱，但是我沒有那麼多錢。」

還好她想起了摩菲理論，那就是：「**絕不要說出否定性的話語，立刻把它改為肯定性的語言，這樣才能使潛意識發揮功能而出現奇蹟。**」因此她立刻改變方式，安慰自己說：「我要把那個旅行箱當成是自己的東西。以後的一切，就讓潛意識來安排吧！」

聖誕節晚上八點，這個女孩的未婚夫送給她一件禮物。而這件禮物就是當天早上十點，她在櫥窗看到的旅行皮箱。這個女孩轉動了小小的船舵，於是大船真的開始航行了。如果有人只把這件事當成巧合，那麼他一定還不知道潛意識是什麼！

圓夢小語

我善用潛意識的力量來達成我的目標。

3 種植心靈的豐碩果實

如果潛意識是肥沃的土地，那麼顯意識就是種子。好的種子，會結出好的果實；壞的種子，便會結出壞的果實。

分析米粒的成分，會發現其中只不過含有碳水化合物及一些化學成分而已。但如果把它撒在田地中，就會萌芽、成長、開花、結穗。這不是一件很不可思議的事嗎？因為土壤有不可思議的功能，可以使米粒成長，變成穀物；梨子的種子會長出梨子樹；蘋果籽則會長出蘋果樹。換句話說，一切的東西，都被藏在種子裡，當種子落在土壤中，土壤就會安排一切，讓它發芽、成長。

假如你心中有某種想法，譬如你很想當醫生，你要在心中想像著自己穿上白袍，旁邊站著一位能幹的護理師，一起為病人看病的情景，將想像

「視覺化」。這種視覺化就是種子。把種子視覺化，交給潛意識，這就是「播種」。播了種以後，就一定會萌芽、成長。不過種子要萌芽，需要陽光，陽光便相當於你的信念！除了陽光，還需要水，水相當於實感，此外還必須時常除草，除草的過程，相當於心中聽到「不行」的聲音時，立刻加以否定的果斷力。因此首先你得選擇好的種子——好的想法，然後抓牢好的想法，繼續醞釀到心中產生實感。假如出現了悲觀的想法，要立刻否定。如此一來，你所撒下的種子，一定會開花結果。

如果你想讓自己成為頭腦敏銳的人，你先要在腦中不斷描繪這種形象的自己。根據我的觀察和經驗，一般人依照這個法則，實踐四～五年後，頭腦就會變得很清晰、敏銳。如果女性希望自己變得很有魅力，必須先把自己的理想形象輸入潛意識，每天想像，結果就會慢慢改變，最後連外貌都會改變，這就是潛意識法則。

圓夢小語

為思想播下積極正面的種子，為命運收割成功、富裕的果實。

4 接受良好的暗示

暗示的威力真可怕！因此要立刻拒絕不良的暗示！必須設法接受明朗的建設性暗示。

非洲聖者史懷哲曾對當地土著的禁忌，提出令人驚訝的報告。他的報告中提到：當地的非洲土人，在孩子將誕生時，孩子的父親會一直喝酒，喝得迷迷糊糊，並且隨口說出一大堆新生兒的禁忌。比如他說「右肩」，那麼以後右肩就會成為孩子的禁忌，如果孩子被人擊中右肩，就會死亡。如果他說的是「香蕉」，那麼孩子長大後，吃了香蕉就會死亡。事實上，史懷哲博士也親眼看到過許多因犯了「禁忌」而死亡的例子。以下的例子，頗具代表性。

有一次，土人烹飪香蕉後，沒有洗鍋子就繼續煮其他的菜，其中有一位土人吃了這些菜，也沒感覺有任何異狀，但當他聽到這個鍋子曾經煮過香蕉，馬上臉色發青、抽筋，經過治療但都無效，因而死亡。

事實上，吃香蕉不會致死，這個土人如果不知道鍋子煮過香蕉，他也不會有事。由此可見，暗示的力量真的很可怕。當然，我們不會那麼簡單就受到暗示影響，但是或多或少，暗示還是會產生可怕的結果。

因此當你碰到「我的病可能好不了」「我的一生無法幸福」，或是「好像有什麼壞事即將發生」等暗示時，**必須立刻堅決拒絕這些暗示，你必須以斷然的態度說「不！」**。你拒絕了之後，不好的暗示就不會發生作用，然後你要立刻把它改成好的暗示，也就是暗示自己──「我會很快恢復健康」「我會遇到最理想的配偶」。

如果仔細觀察你的親戚、朋友就知道了，成功的人都養成了不接受不良暗示的習慣。

圓夢小語

輸入＝輸出，我只輸入正面的訊息。

5 潛意識能為你帶來幸福

忠厚老實又勤勉的人，在社會上不一定會出人頭地，因為他不會善用潛意識。

請看看你的周遭吧！有許多忠厚老實、體貼別人的人，但他們不一定過得幸福，反而有一些投機取巧的人卻過得很不錯。

我知道有一位值得敬仰的人，一生從沒有得到過好的機會，最終也罹患癌症而死。不過如果進一步觀察，就會發現這些人好像對自己將來的期待，並沒有那麼強烈的要求。這些人會憑著良心去盡自己應盡的義務，或者回報別人的人情義理。可是卻不會進一步考慮自己將來的出路。

換句話說，就是沒有積極的未來展望。因此他腦中所想的都是：「向某某人借的那筆錢，要如何還清才好？」或是：「回想起某次違背義理的事情，當時的尷尬場面，真令我顏面掃地。」

這些人的潛意識因為沒有判斷能力，只會依照顯意識來實現期望，所以在別人眼中，光明正大的人，往往會遇到許多不幸的事。

相反地，很多自私的人往往能抓住幸運，過著富裕的生活。因為這種人，對自己的將來有一幅比較明朗的藍圖，所以即便沒有判斷力，但無所不能的潛意識，卻會幫助他實現。

一個人的人生幸福，只靠道德方面的努力是不夠的，我們必須經常描繪自己將來的幸福形象，並依靠萬能的潛意識來幫忙實現。如果有這種想法，你就會想到有更多的事要做，因為只做一些光明正大的事情，是無法獲得幸福的，畢竟這個世界，不幸的正義者還是相當多。

圓夢小語

我是幸福的，我擁有很多福分。

6 相信所崇拜的偶像

不要輕易的否定所崇拜的偶像。因為，這也是激發潛意識的一種有效方法。

帕拉塞爾蘇斯（Paracelsu，一四九三～一五四一年）是巴塞爾大學的化學教授，而且被公認為世界第一流的鍊金術師。他曾說：

「不論你所信仰的對象，是對或不對，你所獲得的效果都是一樣的。譬如我本來應該信仰聖彼得本人，可是我卻崇拜他的雕像，但結果從聖彼得那裡所獲得的利益卻是相同的。也許這些都是迷信。可是不管『信仰』是不是迷信，往往會產生奇蹟。無論你相信真的或錯的，信仰隨時都會產生奇蹟。」

他所說的話，在今天看來仍是不可推翻的真理。他生存的時代是宗教改革的時代，當時世人認為，像羅馬天主教那樣祭拜聖母瑪利亞的聖像，只是崇拜偶像，而加以否定。

許多人都相信新教。但是令人感到很諷刺的是，天主教的信徒，奇蹟（神蹟）出現的比例比較高。但這並不代表天主教的教義才是真理，而新教的教義是錯的。可是有許多人認為，崇拜聖像（瑪利亞）比較能感受信仰的氣氛，這也是不爭的事實。只要有堅定的信心，就會出現奇蹟。由此看來，天主教出現奇蹟的比例較高，也是理所當然。

能出現奇蹟性靈驗的原因，絕不是信仰比較高級，或是信仰比較合理，或是具有學術意義⋯⋯，而是信心堅定，激發了潛意識所造成的結果。如果聖母瑪利亞的肖像對於奇蹟出現有很大幫助，那麼把祂當成聖母現身也無所謂，反正結果都是一樣的。

圓夢小語

我有正當的信仰，信仰產生奇蹟。

7

虔誠地信仰宗教

如果大家都知道潛意識會引起奇蹟，就不會有宗教派系的紛爭了。

歐洲各國曾經發生過宗教戰爭，日本也發生過。佛教認為自己的教派才能拯救世人，各派基督教所說的內容也大致相同。

可是「自己所主張的才是真理」，這樣的宗教派別，在世界上有那麼多種，這不是一件很不合理的事嗎？目睹許多宗教派系紛爭而感到厭惡的人，往往會變成「無神論者」，這也是無可厚非。

仔細傾聽，你會發現每一個教派所說的教義都很堂皇。無論哪一個宗派，也都有奇蹟發生，信徒們都有類似不可思議的體驗（如果沒有這些事發生，誰又願意成為信徒呢。）

根據摩菲理論，所有教派都沒有錯，因為一切教派的教義，目的都在讓人激發潛意識。清楚體驗過奇蹟的人，包括佛教、基督教、伊斯蘭教，或是非洲小部落信奉的宗教，以及美國新興宗教……等宗教的信仰者，這些儼然的事實，誰都不能加以否定。

由此可見，佛教徒不能排斥道教徒，而基督教徒也不能排斥天主教徒。人各有喜好，可以自由選擇自己所喜歡的宗教。只要有信心，就不必詆毀其他宗派。無論任何宗教，只要有堅定的信心，都會發生奇蹟。各種宗教的差異點，只是激發潛意識的過程不同而已。說得誇大一點，你自己也可以成為一個宗派的創始人。

圓夢小語

只要有堅定的信念，都會發生奇蹟。

8

能改變和創造的人只有自己

創造你本身的是你自己，能夠改變你本身的也是你自己。

現在仔細觀察你的四周看看。你房間的椅子、桌子以及桌上的鋼筆和電視機，它們在被製造出來之前，都只是曾經存在於別人腦中的影像。製造椅子的人，必須先在腦海中描繪椅子的款式，然後才能製造出來。電視機也一樣，必須先有設計的人，才能被製造出來。再說，即使是製造電視機的工廠，也得先有人設計出一條生產線，然後才能完成！

由此可見，存在於四周的一切，都是經過某些人的思考，然後才被製造出來的。目前，你自己也是一種存在，而製造你本身的，不是別人，正是你自己！在你人生過程中所發生的一切事情，都是依照你心中所描繪的影像而被製造出來的。

如果你心中充滿了恐懼、不安、貧乏……的消極心態，你就會變得意志消沉，充滿疑惑，個性也會變得古怪，對人生懷著悲觀的態度……，把這些一步步刻印在你的潛意識中，而潛意識一定會把刻印出來的東西加以實現。於是你的日常生活中就會充滿緊張、煩惱而日益不安，在許多方面會感到愈來愈貧乏。

你清醒的時候，會一直不斷描繪自己人生的設計圖——你腦中所想的事情、你心中的念頭、你所接受的信念、你在心底深處不斷描繪的層面，這些就是你的人生設計圖。換句話說，每一刻鐘，你都不停地在建造你心中的城堡。因此，你必須擬定出一個更新、更好的設計圖。你必須在清靜、舒適的環境中，把良好的設計圖輸入潛意識中。潛意識一定會接受你的設計圖，並把它全部實現出來。俗語說：「看見果實，就知道是什麼樹了！」

圓夢小語

我為我的人生負完全的責任。

9

別擔心願望是否能實現

祈願時，不可緊張。因為緊張表示你的心意不堅。

當想實現願望，不必擔心「該怎麼做才好」，也不必擔心別人是否贊成，同時也不可以使用你的意志力，甚至連顯意識的知性都不可以使用！你必須完全、自然地像個小孩一般去相信它！

有一棟房子的中央暖氣設備故障了，屋主請技術員來修理，而修理的技術員開出二百元美金的修理費。屋主便問他：「到底是哪裡發生故障了？」技術員回答說：「只是一根螺絲壞了！」屋主很不高興地說：「只有一根螺絲，你竟開價二百元美金，不是太貴了嗎？」這時候，修理的技術員說：「螺絲費我只收五分錢，其他的一百九十九元九角五分，是我尋找故障的代價。」

你的潛意識對治療體內器官毛病的方法都比這位技術人員更熟練，而且修理還完全免費呢！你不必擔心這位全能的技術員是否找不到故障的地方？或是修理不好？在你自己的體內，擁有一位最高明的熟練技術員，你只要確認他所做的成果就可以了！當你要請他為你服務，最重要的是儘量放鬆自己。即使一般的工人，如果雇主在一旁囉嗦，指揮東、指揮西，恐怕工作起來也不會那麼順利。因此，如果你擔心這些細節問題和其中的方法，那麼潛意識就不能充分發揮它的功能了！

不管是健康問題、金錢問題，或是工作上的問題，你只要想像該問題已經妥善解決，去體會其中的實感就可以了。這表示，你完全委任潛意識去做。「儘量去感受」這件事很重要，你要放鬆心情，儘量去感受願望達成時的情境。

圓夢小語

我的目標已經達成了。

10 讓潛意識想像一切美好事物

儘量把繁榮、富有、成功……等想法儲存在潛意識中，那麼潛意識就會連本帶利地還給你！

你不要相信致富之道的唯一方法是多流汗、拚命工作。相信你也知道，如果有人一星期只工作四小時就能賺到可觀金錢，當然不必那麼賣命工作也能賺到足夠金錢，你一定也認為這樣的生活最理想！也就是說，我們渴望能夠做自己想做的事、自己想做的工作，而且這些工作做起來很愉快，同時也有豐富的金錢收入。

摩菲博士認識一位年收入一百五十萬美金的朋友，他是洛杉磯一家公司的經理，幾乎全年都在搭船環遊世界。他說，在他的公司裡，大多數週薪三百五十元美金的職員，對於工作方面都知道得比他多。其實，他只不過是管理的方法比較高明罷了！

這些和潛意識的功能完全沒有關係，所以無法加以活用。但相反地，這位經理卻不斷向自己的潛意識灌輸：「自己是值得領取高薪，且能常常環遊世界的人！」

潛意識一旦接受，就會把想法實現，所以這位經理所說的話並不是胡亂編造的！如果你認為自己很富裕，那麼潛意識就會使你變成很富裕的人，而你的心富裕之後，就會為你引來更多的財富。

如果你希望獲得更多的財富，就必須讓自己的內心充滿富裕感，而且每天都不能忘記這件事。那麼你不必拚命工作，也能變得很富裕了。說真的，你不必那麼賣命，不必像奴隸一般流汗工作！

圓夢小語

我生來即擁有富裕。

11 困難將因平靜之心迎刃而解

遇到困難時，不必慌亂，要心平氣和地將繁榮的祈願輸入潛意識。

有一次，摩菲博士對一位因營業額逐漸下降、財務狀況也愈來愈糟而大為煩惱的企業家說：「你可以到公司去，很舒適地躺在沙發上，心平氣和地對自己說，營業額每天都在上升。」

這位企業家依照摩菲博士的勸告，每天認真實行。結果這一句簡單的話，使他的顯意識和潛意識互相協助，再加上種種新的構想以及好運氣，公司的營業額真的照著他的祈求直線上升。

也許有人會說：「這麼簡單的祈求詞就能解決問題，那世界上還有什麼事好煩惱的呢？」實際上，很多人都有這種想法，所以這個世界上才會有那麼多為金錢所困擾的人。你是否曾直接和生意興隆的人談過話？那些人都有一個共通的想法，並知道利用簡單的詞句來祈求，同時隨時都認為：「我所做的一切都會順利。」

再說，這些人萬一遇到困難，也不會失去心中的平靜。總而言之，他們對自己所做的一切都充滿信心，所以會陸續產生更好的構想，帶來更多的財富。

相反地，做事不成功的人很容易發怒，即使沒有把怒氣表現出來，心中也早已亂了方寸，想法愈來愈鑽牛角尖。同時潛意識也容易接受這種消極的想法，於是各種他所擔心的、不好的事情，就真的會發生在他身上。

圓夢小語

我擁有很多福分，我所做的一切都會順利。

12 與假想敵談話來激發潛意識

學習德國大文豪歌德，在心中不斷描繪對話的情景，是激發潛意識活動的有效技巧。

有個傳聞是，德國大文豪歌德遇到困難時，會花費幾個小時安靜地與想像中的對手談話。換句話說，歌德若遇到難以解決的問題，就會開始想像他的朋友依照平時的手勢和語調，替他找出適當答案的場景，同時歌德能把全部的過程，想像得很接近現實且生動活潑。

有一位年輕的證券公司營業員聽到了這種方法，立刻把這種方法應用在股票買賣上。

他認識一位億萬富翁的銀行家，有一次受到這位銀行家的讚揚，說他的判斷正確，替他買對了好股票，賺進不少錢，因此他決定隨時在自己的心中與這位銀行家交談。遇到難題時，他就在心中想像與這位銀行家積極談話的場景，努力去發現能使人滿意的判斷。

這位年輕證券公司營業員所做的心中對話，跟他建議顧客做健全投資的職務很符合，因為他主要的目的是要讓自己的顧客能夠賺錢，也就是投資人依照他的建議，能夠在股票投資上繼續繁榮下去。

目前他依然在自己的工作上，利用這種對話來激發潛意識，他不但讓他的顧客賺進了很多錢，自己也成為一位有名的股票經紀人，並成為一位富翁。

圓夢小語

我們每個人都有一個僕人——潛意識，而且它從來不會罷工。

13 潛意識是身體深處的一種觸覺

潛意識的引導，常會以一種「感覺」「深處意識」或「強而有力的預感」出現。

摩菲博士認識一位青年，他的父親去世了，但是家人找不到他父親的遺囑。青年的姊姊說，去世的父親曾經告訴過她，他已經立好對大家都公平的遺囑，因此大家四處尋找遺囑，可是怎麼找都找不到。

這位青年熟悉摩菲法則，於是利用睡前的時刻對自己心中深處說：「現在我把這個問題交給潛意識去辦，相信它知道父親的遺囑在哪裡並樂意告訴我。」然後，他把自己的祈願壓縮成「答案」一詞，同時像在唱搖籃曲一般不斷反覆唸著，最後他就在一遍遍唸唱「答案」中睡著了。

第二天早上，這位青年心中產生了一種預感，認為自己非到洛杉磯的某一家銀行去不可。他到了這家銀行之後，發現一個以他父親名義所開的保險櫃，而裡面所保存的文件把所有問題都解決了。

這位青年把自己的願望壓縮成一句話，這是一個很好的辦法。當然也可以把願望扼要成簡單的祈禱文章，但最好能把祈禱的內容濃縮成一句話或幾句話，同時像這位青年唱搖籃曲一般地反覆唸誦，在不知不覺中睡著。這樣做是命令萬能的潛意識開始活動的最有效辦法，因此我希望讀者們也儘量利用這種簡單的技巧。

圓夢小語

哇！答案出現了。

14 真正的思考不會有恐懼感

如果心中煩惱或產生恐懼感時，表示你不是真正在考慮事情，因為真正在思考時是不會有恐懼感的。

當你面臨「困難的決斷」，或找不到解決問題的線索，不用過度擔心、煩惱，要朝著有建設性的方面去思考。有不少人以為「煩惱、擔心」是認真思考，其實這是錯誤的，真正的思考不會產生擔心或恐懼感。

下面我要介紹無論面對任何問題，都能接受潛意識指點的技巧。

首先要穩定精神，同時下令自己的身體儘量放鬆。因為身體的構造本來就會聽令於顯意識，肉體沒有意志、主動性和自我意識的知性，是好像記錄你信念和意象的唱盤一般，因此你可以透過放鬆身體的方法，來使潛意識對你產生信賴。潛意識只有在它認為被人尊重時，才會發揮功能給你幫助，這是相當重要的。

放鬆身體之後，你要發動所有注意力，集中思考在解決問題上。你要儘量利用顯意識努力去解決它，同時想像如果問題解決，你將會多麼高興，並進一步去享受問題解決時會有的那種感覺。你要放鬆心情儘量去享受那時的舒適感，最後安心就寢。

你睡醒時，如果還沒有發現答案，就要全神貫注去做其他該做的事。很可能在你為了其他事情而忙碌時，你所要的答案，會像麵包從烤麵包機中跳出來一般，突然浮現在你腦中。

圓夢小語

我是一個勇敢的人，面對任何挑戰都毫不畏懼。

15 人生觀能導致人生好壞

一個人的存在就是他思考的表現，而一個人的一生，就是他如何設想人生所造成的結果。

「一個人的存在就是他思考的表現」，這句話是美國知名哲學家愛默生所說。「一個人的一生就是他如何設想人生所造成的結果」，這句話則是羅馬皇帝也是偉大哲學家馬可．奧里略所說的，而這二句話可說把潛意識的真理描述得最為恰當。

有一次摩菲博士在舊金山遇到了一位覺得自己很不幸、對未來完全失望的某公司經理。他對公司的董事長和副董事長很不滿也很氣憤，他對摩菲博士說：「這些人都反對我。」因為他心中有糾葛，所以他的工作成績一直下滑，身為公司股東卻沒有辦法分享紅利。換句話說，他正面臨著人生的危機。於是博士勸他，每天早上睡醒時以平靜的心情祈願，來肯定自己的價值。

「在公司裡的職員們個個都忠厚老實、態度誠實、工作認真和諧，對所有人都充滿了善意，他們是公司成長繁榮重要的一環，我願意在思考和語言方面都對同事和所有人給予愛心及善意。因為我的潛意識會透過我來決定一切，所以我在工作上和人際關係方面都能做最適切的處理，我自己和公司全體都充滿和平及和諧。現在我心中充滿信心和信賴，來迎接全新的一天。」

這位經理每天早上默唸三次，終於感覺到這的確是一個真理。每當心中產生恐懼和憤怒的念頭，他就立刻說服自己說：「我心中經常充滿了和平、協調及寧靜。」自從他重新開始調整自己的心態，過了半個月，公司的董事長和副董事長都極力讚賞他的工作成績。

圓夢小語

成功者想他要的一切，失敗者想他不要的一切。

16 靜寂可解決所有疑難

靜寂可以解決一切問題。

靜寂能使人心靈安寧，就好像睡眠能恢復體力、消除疲勞一般。靜寂能使心靈交流，將養分灌輸心中，使人恢復生氣。愛默生主張：「為了傾聽眾神的悄悄話，我們該有更多沉默的時刻」。愛默生所說的眾神，我們可以把它當作是潛意識。因為眾神絕不會大聲談話，所以心中不平靜的人是無法聽到的。

在此所說的靜寂，是指注意力和感官功能停止向外活動，同時去期待擁有無限睿智的潛意識必定會與你有所感應並明示答案，且將注意力的焦點集中在你的理想、目標和目的上而保持沉默的時刻。

你要完全隔斷五官的感覺，實現「完全靜寂」的境地，反覆去感覺那種情境。

你要默默的想像你的願望和構想已經被實現的情境，那麼會給你那些構想的潛意識，就會給你一套完整的計畫，指示你去實現。這時候，你就可以享受你達成祈願時的喜悅。

有一位母親向摩菲博士抱怨她的兒子不聽話，令她快要發瘋了。於是博士勸她每天早上祈願，然後閉目將自己和外界的一切隔絕一段時間。實際上，這位母親很有必要對過去的種種事情做一次平靜的反省和重新思考，並且去檢討自己和子女之間的問題，好讓心中的愛及關懷得以滋潤成長中的子女。

結果，她精神上的電池再度充飽電，使她的生活情況全面好轉。

圓夢小語

所有的事都是完美的。

17 思考之事會在潛意識中重現

潛意識相當於一部錄音機，會重現出你習慣思考的事情。

有一句金科玉律，那就是：「無論何事，你願意人們怎麼對待你，你也要怎樣待人們。」換句話說，為了避免別人的審判，你不可以去審判別人，原因在於：「你不要論斷別人，免得你被別人論斷，因為你怎麼樣論斷別人，你自己也必怎麼樣被別人論斷。」

有一位女秘書對公司裡的女職員們感到很生氣，因為這些女職員們總是造謠中傷她，她也承認自己討厭女性而公開聲明：「我喜歡男性，但我討厭女性。」

經過摩菲博士觀察的結果，發現她對下屬女職員說話時態度很傲慢，以急躁的口氣、盛氣凌人的姿態對人說話。博士對她說明潛意識的法則之後，她很驚訝。可是這位聰明的女秘書立刻了解這種法則，因此她認真地進行如下的祈願：

「我要以充滿愛及平靜的心情來談話和行動，我要對造謠中傷我的女職員給予愛、和平及寬容。若是我的反應有否定性傾向時，我要以堅決的態度說服自己：『我必須以和諧、和平、健康的原理去思考、談話及行動』，而創造性的潛意識一定會引導我向上。」

不久之後，公司同事對她的造謠中傷就完全消失了。

圓夢小語

我以和諧、健康的心態去思考、談話及行動。

18 自己的體驗來自於對他人的感覺

你的心是個有創造力的媒體，因此你對別人所思考、所感覺的事情，都會成為你自己的體驗。

潛意識雖然是無所不能的，但要實現它，必須透過個人的顯意識。而你所想、所感覺的事情會變成你的體驗被實現出來，因此你必須多加注意自己思考和所感覺的事情。

有一天，一位業務員特地跑來見我，向我訴苦，說他跟公司的業務經理無法在一起工作。他在這家公司已經服務了十年，但是他的待遇一直都沒有調整，他的工作也未獲得公司的肯定。

他把他推銷業績的數字給我看，成績的確是比其他地區的業務員更優異，但他說業務經理討厭他、不欣賞他，在會議席上常常使他難堪，甚至嘲笑他的提案，因此他對這位主管覺得反感和憤怒。換句話說，他經常在心中充滿對業務經理的批評和抱怨，並用那種中傷和爭辯的語氣與自己的內心對答。

結果他在現實生活得到了自己心中所放出惡言的報應，經過我的提示後，這位業務員才知道自己過去的想法是有破壞性的，對自己並沒有什麼利益。

從此以後，他就改變態度，期盼業務經理健康、成功，並且在每晚就寢前，儘量去想像業務經理誇獎自己優異業績的情形。

他逐漸感覺到他每天晚上所想的事情是真的，並能直接體會到經理跟他握手的感覺，也聽到他說話的聲音，看到他的笑容。後來那位經理真的提拔他當課長，同時也大幅提高他的薪水。

圓夢小語

改變心智，就能改變事實。

19 常想美好事物

心裡想著美好的事，就會發生美好的事；心裡想著壞事，就會發生壞事。

我究竟是誰？——相信有時候，你也會有這種疑惑。答案也許有很多種，例如：自己是陳××的兒子，或是××公司的職員，或是××大學的學生。

如果進一步去追究自己是誰的問題，你會發現「自己就是自己現在所想、現在所感覺到的自己本身」。當你心中充滿幸福、很高興，那是你自己。當你沮喪、感到不幸，那也是你自己。當你正在想你所希望的好事情，那種想法就是你自己。當你在思考某些壞事，那也是你自己。

由此可見，你並沒有固定的「自己」。你隨時都不得不做適當的選擇，無論你是「思考好的事情，而感到很幸福的人」，或是「滿腦子壞念頭，而感到很不幸的人」，全都是你自己的選擇。你可以選擇自己的想法，而摩菲法則告訴你，如何選擇更好、更幸福的「你自己」。

經常思考美好的事情，期待發生好結果的人，會產生一種能吸引好事的磁場。如果你經常期待美好的事情發生，你的潛意識會引導你把握好機會。像洛克菲勒（美國石油大亨）等獲得大成就的人，以及我們周遭的中、小成就者，他們都對人生光明的一面比較敏感。

圓夢小語

天天都是美好的，一定有美好的事情發生在我身上。

20 對潛意識說實話

潛意識能無差別地實現接受到的指令。對潛意識不可以開玩笑，也不可以說謊。

潛意識沒有判斷和選擇的能力，它能把你心中所想的，也就是「顯意識」所思考的一切，無差別地加以實現。因此，如果你在想：「我希望這樣，可是我沒有辦法做到」，那麼潛意識就會把它當真，故意不讓你的希望實現。

相反的，如果你在心中想著：「我要買它，我高興地接受它。」那麼潛意識便會答應你，遲早會實現你的願望。因此你絕不可以說出會為你帶來負面作用或不利的話。例如「我可能會失敗」「這件事可能不太順利」，或是「我做不到」之類的，絕不可以說出口。

你要經常對你的潛意識說一些具有積極性、建設性的話，只要你的潛意識接受，就一定會實現。你不斷反覆說出積極性的話語時，你本身便會開始逐漸變化，到了某一個時候，你就會發現，自己比過去更積極，並變成一個更具吸引力、更幸福的人。

因此你必須對自己很正直、很坦率才行。當你聽到朋友的幸運，如果你說：「這個人很狡猾。」那你是真心這麼想的嗎？

實際上，你很羨慕這位朋友的幸運，心理期待著「他不該那麼幸運」。可是潛意識只會對你的真心產生反應，所以會接受你的想法：「不該那麼幸運！」而開始想盡辦法不讓幸運接近你。所以你必須以坦率的心情，用真正良好的信念來充滿你的內心。如果你真的希望幸福、富裕、健康，心中不加以否定，這些願望就一定會實現。

圓夢小語

想我要的，說我要的，做我要的，就一定能得到我所要的。

21 好好把握，美夢將成真

宇宙的寶庫就在你心中。你只要從中找出寶物，緊緊地抱住，不久這些寶物就會變成真的，歸你所有！

尋寶不一定要到古墓、遺跡，首先你可以在自己的心中找一找。不過，你想要的寶物——你真正想要的東西是什麼？——是不是訂婚鑽戒呢？如果是，首先你必須想像自己手上戴著鑽戒的影像，當你反覆看著這個影像，你就會獲得潛意識的幫助，真正戴上這個戒指。

前些年在美國，女性想要找到理想的結婚對象並不容易，特別是上了年紀的女性更難！我向各位介紹一位七十五歲的寡婦，利用摩菲法則找到結婚對象的例子。這位老婦人不斷對自己說：「我是對方所盼望的。我已經和一位溫柔體貼的男子結婚了，過著幸福的生活。」不久，她心中產生了一股溫暖的感覺，真實感受到自己被人所愛，並且結婚了。

她開始這樣祈禱後，過了半個月，有人介紹她認識十字路口一家藥房的房東老人，這位老人待人親切、體貼，宗教信仰虔誠。彼此交往了不到一星期，七十五歲的婦人就獲得了一枚真正的鑽石戒指。換句話說，她接受了對方的求婚。實際上，她在接受真正的鑽石戒指之前，早就已經在自己心中看到它了。

如果你有所要求，你必須在你的心中發現它。你只要在自己心中看清楚想要的東西，並且緊緊抱住它——你得一直緊抱著它，直到你感覺這個東西真正屬於你為止。如此一來，你的願望就會交給潛意識，並以具體的方式被實現。這就是潛意識法則。

圓夢小語

我所設定的目標都是明確的、具體的。

22

信心能創造奇蹟

增強信念之後，就會出現奇蹟！

最近心靈暗示療法逐漸風行，但一般來說，這種方法只對接受暗示的人才有效。可是暗示就是要激發潛意識，因此考慮到潛意識的本質，其影響也有可能出現在本人以外的人身上。

以下是倫敦一所療養院的院長尹布林．福里特博士告訴我的故事：有一個男人，他的女兒罹患了難治的皮膚病，同時又因關節炎而癱瘓，雖然接受醫生的治療，但病情毫無改善。於是這個男人強烈地祈願：「如果能治好女兒的病，我願意奉獻我的右臂。」

過了約二年後的某一天，這個男人帶著全家去郊遊，路上發生了車禍，結果他的右臂折斷了。但令人感到不可思議的是，他女兒的皮膚病和關節炎同時不藥而癒。發生這種奇蹟的原因，可能是這個男人不斷在心中描繪著祈願，而被他的潛意識所接受了吧！

潛意識本身沒有判斷能力，所以就照著接受的方式實現出來。它不僅實現在祈願男人身上，同時也發生在別人（他的女兒）身上。這種現象，我們只能解釋為潛意識會超越個人意願，對他人產生作用。

曾獲得諾貝爾生醫獎的法國名外科醫生亞歷克西・卡雷爾（Alexis Carrel）博士，也承認像這種不可思議的事情是會偶然發生的。

圓夢小語

我相信自己的能力，肯定自己所做的事。

23
給潛意識播種於輕鬆時刻

給潛意識播種的最好時刻，是顯意識處於休息狀態，而且肌肉放鬆的時候。

要在田裡播種，必須選擇最適當的季節。如果在炎熱的夏天或寒冷的冬天播種，結果一定不理想。必須選擇氣候溫暖的春天或秋天來播種。

同樣的道理，當你要在萬能的土壤——潛意識——裡播種，也要選擇它最容易接受的時機。

例如上床後到睡著前，這一段肌肉放鬆的時刻；以及早晨醒來後，還沒有完全清醒之前，最為合適。你必須趁著這個時候，在腦中描繪自己的願望。想當醫生的人，就描繪自己當醫生的形象；想結婚的女性，就要描繪自己和一位理想的丈夫，過著幸福家庭生活的情景。

如果想成為有錢人，則可以描繪自己悠閑躺在沙發上抽雪茄的形象。然後對自己說：「我已經把它交給潛意識了。」

你在腦海中描繪理想形象的時間，即使只有一分鐘也無妨，如果熟悉，十秒鐘就足夠了。但是必須每天早晚都進行。這樣做等於每晚帶著幸福的想法入睡，早晨又帶著幸福的想法起床。換句話說，你的潛意識會在你的睡眠中，為了實現願望而在宇宙中活動。

圓夢小語

我是平靜的，我放鬆自己。

24

把困難交給潛意識

遇到困難時，自認為「已經無法解決了」，等於是拒絕潛意識的協助。

我們常常遇到困難的問題，而且看起來好像沒有什麼辦法可以解決。但這時候，你要多注意所謂的「認為」或「好像」，只是你自己顯意識的猜想而已。顯意識的能力是有限的，雖然顯意識認為是不可能的事，可是對萬能的潛意識來說，卻並非不可能。

我有一位青年朋友一直很想到美國去。因為他很關心某一個問題，認為想要進一步研究，就必須到美國才能達成目的。可是在二十多年前，要到國外去是一件很困難的事，他也一直找不到門路。幸運的是，他知道了潛意識的威力。

「能賜給我達成這個願望的無限潛能的知性，一定會引導我，明示一個能實現願望的完整計劃。我知道潛意識的超高智慧，一定會回答我這個問題。我在心中所要求的事情，一定會以具體的形態表現於外界，而我隨時都以平靜的心等待著。」

當時雖然他沒有找到前往美國的門路，卻獲得了到歐洲一個小國去的機會，於是他緊緊把握住這個機會。他在居留該小國的期間，認識了一位美國教授，透過這位教授的協助，他踏上了美國的土地，最後，他終於如願以償地站在美國大學的講台上。

潛意識是萬能的，它永遠在不停地進行顯意識很難猜測的偉大計劃。因此當你自認「我已經沒辦法了」，就等於是拒絕了潛意識的協助。

圓夢小語

我心懷樂觀，相信每件事都會有最好的結果。

25

想像美夢成真的時刻

當你想像自己的願望達成並感到特別興奮，便可以斷定你已經把自己的願望交給潛意識了。

當你放鬆身體去想像自己的願望，如果顯意識的形象能夠交給潛意識，那麼你的願望就一定會實現。可是我們有什麼辦法知道，其中是否能順利移交呢？

有一種比較確切的方法可以作為判斷的依據，那就是當你在描繪願望達成的情況時，如果覺得特別興奮，就表示目的已經達成了。這種感覺有時僅有數秒鐘，有時卻會持續一段較長的時間。無論如何，擁有這種感覺，就表示潛意識已經接受了你所描繪的形象。潛意識一旦接受事情，就會想盡辦法去實現它，之後你只要安心等待就可以了。

我認識一位學生，一直希望到德國留學，他不清楚德國的國情，但他知道德國的代表性河川——萊茵河。因此，我就教他每天在腦中描繪自己站在萊茵河畔的情景，而他也依照我的吩咐，每天想像。

後來他告訴我，有一次他突然感到很冷，但當時是夏天，所以我和他都不太明白這是怎麼回事。但沒有想到，春去冬來，他的留學事情，突然進行得很順利，十月末，他就出發到德國去了。

當他到達杜塞道夫（Dusseldorf）機場時，正好遇到一位日本商社的職員對他說：「我來接機，可是要接的人臨時有事沒來。」於是讓他搭順風車到市區。車子開到半途，還特別停車讓他欣賞萊茵河的風光。由於當時是十月末，吹過萊茵河的風相當寒冷，遠道而來的這位留學生，突然覺得「好冷」！這時候他才發覺，這種感覺早在三個月前，就已經在家鄉體驗過了。

圓夢小語

我感受到美夢成真的景象。

26 潛意識來自信心

不管你相信什麼，潛意識都會發揮功能而出現奇蹟。

摩菲博士的親戚中，有一個人曾發生了如下的故事：

這位親戚罹患了老人性肺結核，病情相當嚴重。他住在澳洲，眼看已經沒有治癒的希望，所以就要他的兒子回家來處理後事。可是，他的兒子對信仰和潛意識的關係有深刻的認識，所以他就對父親說：

「爸爸！我偶然遇到一位巡迴歐洲各地，常常發生奇蹟的修士。這位修士帶著一片真正的十字架碎片，我硬要他把這個碎片讓給我，而我則捐贈五百美金給他。聽說只要碰到這個十字架的碎片，就像觸摸到耶穌的身體一般，會發生奇蹟。」

他的兒子說完話之後，就把裡面裝有十字架碎片的戒指交給父親。當時七十四歲的父親，對兒子的孝心大為感激，緊握住這個戒指祈禱一番，然後就睡著了。第二天他醒來的時候，覺得身體好多了，經過醫生的檢查，也發現他的肺結核轉為陰性。

事實上，這個兒子交給父親的，並不是真正的十字架碎片，那只是一塊他從路旁拾起的小木片，然後到珠寶店請金匠把它裝進戒指裡而已。

雖然他送給父親的禮物是贋品，但是卻治癒了父親的病，這是千真萬確的事實。後來父親的病也沒有再發作，又多活了十五年，一直到八十九歲才過世。

許多古代流傳下來的奇蹟故事中，有不少是捏造的，但也有不少是真實的。總而言之，**只要激發潛意識，就有可能出現奇蹟**。

圓夢小語

相信自己、相信他人，且相信更高的靈性力量，在有需要時會提供支持與引導。

27

感謝心中的願望被實現

若在祈念中有「感謝之心」油然而生，你的祈願一定會如願以償。

如果能在心中想像著自己最大的願望，並感覺到它已經被實現，那麼這個願望遲早都會被實現。這是潛意識的基本法則。不過當你真正達成願望，你心中會有什麼樣的感覺呢？相信你會覺得：「真好！我衷心感激！」

所以我希望你在腦海中生動地描繪自己的願望，並相信它一定會實現，甚至把它當成已經實現了，來表達你的感激之心。然後，你就可以暫時把這件事拋諸腦後了。結果到最後你會突然發覺，自己的願望已經達成了。

下面是一位美國女子的故事。她大學畢業後獲得一個秘書的職位，但卻一直找不到適合的結婚對象，而不知不覺到了「老小姐」的年齡。一次偶然的機會，她得知了摩菲理論，認為很有道理，所以便想按照這個理論來實行看看。

她的願望是和一位溫柔體貼的男性結婚，然後雙雙到歐洲去渡蜜月。於是，她就想像已經實現這件事的情景，同時她也想像自己正寫信向那位介紹摩菲理論的朋友道謝的情境。她在心中鮮活的描繪著幸福的情境，剎那間，有夢想已經被實現的感覺。同時，她心中對那位介紹靡菲理論給她的朋友，油然生出一種感謝之情，而忍不住想寫信向她道謝。

我們在心中想像願望實現並產生感謝之念時，就表示自己的願望已經交給潛意識去辦了。不久之後，這個女秘書就和一位條件不錯的律師結婚了，並真的從巴黎的旅館中，寫信向那位朋友道謝。

圓夢小語

我欣賞、感激自己的一切，以及我所擁有的每一件事物。

28 時常想像願望成真的時刻

若你要把願望交給潛意識去辦，必須經過多次反覆的進行才能達成。

對於較為熟悉摩菲理論的人，把自己的願望交給潛意識去辦時，不必花太多的時間，甚至只要祈禱一次就能實現。但實際上，並不是所有人都能如此輕易地達到目的。想要把願望交給潛意識，必須花上一段時間，而且要反覆進行。

比如說，我們要釘釘子時，必須連續敲打好幾次才能釘牢。你不可過分心急，想一擊就把鐵釘釘進去。當你要把自己的願望輸入潛意識，也必須依照這個要領來進行，不可操之過急，應一次又一次，不斷敲打。

假如你現在為了居住問題而煩惱，那麼你要想像自己擁有一棟很舒適的住宅，不管住宅是建築在郊區的獨棟別墅，或是市區裡的高級公寓都可以。你必須儘量去想像，自己已經住在其中，過著舒適的生活。在大家都為了居住問題而煩惱時，你卻感到很幸福，你的心中要有這種享受的感覺。能夠想像到這個地步，就可以把有關住宅的問題完全拋諸腦後，心平氣和地去做目前的工作。

等到當天晚上，或是第二天的同一時刻也可以，必須再度想像自己住在舒適住宅中的情境，並懷著感謝的心情。依照這種方法，每天反覆進行，不久之後，你一定會感覺到一種轉機，好像這件事已經被實現了。**因為潛意識一旦接受你的願望，就一定會實現它**。這個大宇宙，會為了實現你的願望而不停轉動！相信有一天，你會在現實的世界裡，深深感到自己真幸運，竟然能住在這麼舒適的環境中！

圓夢小語

我不斷重複播放著願望成真的畫面。

29 將願望視覺化

想要把願望輸入潛意識，必須把願望加以視覺化——也就是描繪成一幅景象，最為有效。

雖然潛意識無所不能，但是它對於顯意識，卻是百分之百被動的。因此若你想要實現自己的願望，只要想辦法把它輸入潛意識裡就行了！

那麼要如何才能把自己的願望輸入潛意識呢？首先你必須把自己的願望加以視覺化。換句話說，也就是把願望描繪成一幅圖畫。摩菲博士把這個過程稱為「**心之映像法**」。

摩菲博士曾經在美國中西部各州巡迴演講，不久之後，他心中產生了一個念頭，很想在中西部擁有一個永久的場地，並以這個場地為中心，進行各項活動。

某一天傍晚，他下榻於華盛頓州斯波坎市的一家旅館時，他躺在沙發上，放鬆全身，停止所有注意力，以輕鬆的心情，想像著自己正在對群眾演說：「我很高興我能夠來到此地，我心中一直期待著這個機會的來臨。」摩菲博士用自己的「心眼」來觀察想像中的群眾，並感覺到群眾是真實存在的。於是他把心中的影像交給潛意識，期待它在現實世界中被具體實現出來。

第二天早上，他醒來的時候，心中感覺很平和、很滿足。幾天後，他接到了一封電報，內容是有人願意提供一個跟他心中所描繪場地一模一樣的永久性活動場所。摩菲博士當然接受了這項捐贈，並以中西部為基地拓展他的工作。

圓夢小語

我看到、聽到、感覺到目標逐一實現了。

30 反覆朗誦願望的簡單文句

把願望簡化成簡單的文句，然後像唱搖籃曲一般反覆朗誦。

博多望（Boardone）是法國盧梭研究所的教授，同時也是紐．南希治療所的所長。他是一位很優秀的心理治療醫生，而他所創造的「博多望法」，就是根據本標題而來的。

他認為，想要把願望輸入潛意識的最好方法，是必須把顯意識降低到最低限度，類似睡眠的狀態，然後不斷反覆誦唸自己的願望。不過這時候，必須依照「博多望法」的特色，把願望簡化成簡單、又容易記住的文句，然後像唱搖籃曲一般，一遍又一遍反覆唸出。實際上，這麼做的成果很優異。

幾年前，在洛杉磯有一位年輕的女性，她的丈夫去世了，為了繼承遺產，她捲入一件激烈又令人不愉快的訴訟事件。本來她的丈夫把所有財產都留給她，可是丈夫前妻的子女提出了遺囑無效的訴訟，而且形勢對她相當不利。於是她依照「博多望法」，坐在寬大的靠背椅子上，儘量放鬆身體，等自己進入朦朧狀態時，把自己的願望簡略成二句話，然後像唱搖籃曲一樣反覆唸出來。她的祈念詞是：「依照大自然的秩序，這件事已經結束了。」

她每天晚上持續進行，大約十天後，有一個晚上，她的心中突然湧起了一陣平和的感覺，同時全身充滿了一種靜寂感，然後就入睡了。第二天早上醒來的時候，她心中產生了一種信念，認為「這件事已經結束了」！當天她的律師打電話給她，表示對方有意和她和解，結果雙方便撤回了告訴。這個事實表示，無限的知性透過她的潛意識，根據調和的原則，為她帶來了和平的解決方法。

圓夢小語

我不斷重複輸入正面的指令。

31 願望來自於簡單的「肯定」

只要簡單地肯定，有時候潛意識就會實現你的願望。

我們領悟到萬能的潛意識是站在自己這一邊的時候，只要簡單地表達自己的願望，有時候願望就會被實現。

有位女性最近非常困擾，因為某位男性不斷打電話騷擾、試圖強迫她約會，甚至硬闖到她公司去吵鬧。看起來，想要擺脫他的糾纏是一件很困難的事。幸好這位女性聽過摩菲博士的演講，她將下述的命令下達給潛意識：

「××先生應該回到他自己的地方去。我是自由之身，他也是，現在我命令我所說的話，能夠進入萬能的精神裡，使它能夠實現。」

她以這種方式命令潛意識之後，那位無聊男子就不再出現在她面前了。事後，這位少女形容：「他消失得像被大地吞沒了一般。」

要發出一項命令，或是斷定某些事情時，不需要太緊張。因為這些事情並不是要用你的力量去進行，所以心理上不用太緊張，以免引起心中的糾葛。只要很自然地命令潛意識去做就可以了！就像你在高級餐廳向侍者說：「給我一杯雪莉酒！」一般，內心相信事情一定會按照你的吩咐進行，絕不會耽誤就行了！

舉一個特殊的例子，感冒時只要在就寢前命令潛意識：「到明天早上起床前，一定要讓我恢復健康。」這時候通常都會很靈驗，因為潛意識雖然無所不能，但它是完全被動的，只能服從命令。

圓夢小語

單純的相信，讓願望更容易實現。

32 在心中描繪達成願望的喜悅感

願望等於是祈念，應該在心中描繪達成祈念時的情境。

祈念等於是一種願望，如果想實現祈求的事情，就必須在心中描繪著祈念被實現的情境，同時親身體驗實際存在的感覺。因為潛意識對被視覺化的祈求特別敏感，也比較容易接受。

我認識一位少年，熱切渴望移民到美國，但在當時連要到國外旅行都是一件相當困難的事。而且這位少年完全不懂移民美國的要件，也沒有任何線索可循。在這種情況下，不管如何去想、如何期待，都只是徒增精神失望和疲勞而已。可是摩菲理論和一般的方法不同，是先從想像自己的願望已經被實現了的情境開始進行祈求。

我問這位少年：「你希望用哪一種交通工具到美國去？」他回答：

「我想搭船去。因為搭船比較便宜，而且比較浪慢。」於是我建議他，到港口眺望在港內的客輪，同時心中描繪著自己正在搭乘客輪的情景。

他依照我的吩咐去做。不久之後，就可以生動地描繪出自己搭乘客輪的情景了。結果，他很自然地想出了許多移民美國的方法和手段，同時他也把所想到的構想一一加以實現，終於替他開闢了一條康莊大道。最後他如願以償地移民美國，達成了他的夢想。

最後，我要再一次叮嚀各位讀者，先別考慮各種方法，**只要在心中描繪自己願望被達成時的情景，先去享受願望達成的喜悅感**，然後再慢慢等待各種創意和機會的來臨。

圓夢小語

我無時無刻都充滿了喜悅的心情。

33 從小說或電影上尋找期望之事

你想祈求的事情，可以從小說或電影中的畫面去尋找。

你真正追求的是什麼？如果不能明確把握這一點，就沒辦法進行祈求。但實際上，和許多人交談之後，我發現大多數的人對於自己所期望的內容並不是很明確，只是有個模糊的概念，並以此追求幸福、財富或名聲。這種模糊的祈求，是沒有辦法實現的。

因此我建議各位，不妨利用小說或電影中的畫面，來作為心中描繪願望的手段。因為小說和電影的畫面都很生動，所以我們可以借用。

幾年前，我看過一部美國小說，裡面有一段描寫女主角坐船橫渡大西洋的場面。故事背景是在第二次世界大戰以前，當時航空運輸還沒有現在這麼發達，所以搭船旅遊是一件很羅曼蒂克的事情，而我自己也希望有機會能搭船旅遊。我輕鬆地在心中描繪搭船的情景，因為一切的細節，都詳細記載在小說裡，我只要把小說中的主角換成自己就行了。

但實際上，當時從日本搭乘豪華客輪橫渡大西洋的機會相當渺小，所以我也不去想要用什麼方式達成願望，只在心中不斷描繪著舒適旅遊的場景。後來，因偶然的機會，我從紐約搭乘世界上最快、最豪華的郵輪，到歐洲旅行。

那次的經驗真是令人難忘！在船上，每天可以享受豐盛的三餐，下午則有交響樂團伴奏的茶會，而且每天晚上都有晚會。此外，船上設有游泳池、健身房、酒吧、遊樂場等設施，供遊客盡情享用，真是令人難忘的享受。雖然我是全船旅客中唯一的日本人，但是大家都對我很親切，我覺得一切都很順利。

圓夢小語

把目標視覺化，讓我更有動力去達成。

34 電影可幫助願望的達成

電影可以提供我們另一個神秘的世界，對達成願望很有幫助！

以前的人想立志奮發，可能較為困難，因為當時除了自己的生活圈，無法觀察到外界的情景。英國作家H．G．威爾斯的母親在他幼年時曾擔任過上流社會的女傭，所以他能夠窺視到上流社會的生活，於是他下定決心要過那樣的生活，最後終於達成願望。如果他沒有窺視上流社會的機會，恐怕連這種願望都無法產生。

現代人的生活水準會不斷提升的原因之一，就是電視的普及。因為人們透過電視可以看到別人的生活，因而刺激了向上的意願。由此看來，電視在使窮人的比例大為減少的貢獻上，的確功不可沒。

電影可以在暗室中播放，在沒有商業廣告的干擾下，提供觀眾另一種視覺享受。所以對具有某種目的的人來說，是一個可以提供非常有效影像的利器。

比如說，一位貧窮少女到電影院裡去看《窈窕淑女》（*My Fair Lady*）這部電影，看完電影之後，少女下定決心要提升自己，結果會如何呢？電影中女主角提升自己的第一步，是矯正自己的語言。經常使用高雅的語言，努力端正舉止、行動並不太困難，於是就有機會結識上流社會的人，或是嫁到上流社會的家庭。

如果男生看了這部電影而下定決心想當一位擁有自己書房的學者，便可以在腦海中描繪自己「在一間排滿書籍的房間中讀書」的情景。因為電影中已有這種畫面，所以可以很容易地描繪出來。實際上，我就認識了一位透過那部電影而立志奮發，最後成為知名學者的朋友。

圓夢小語

我把目標視覺化，讓我更容易達成。

35 利用未來進行式來祈求願望

並不是對自己說「我是富翁」，就能變成富翁，最好是利用未來進行式來祈念。

有些人連續好幾個星期，甚至好幾個月不斷祈求：「我是富翁，我的生意蒸蒸日上。」結果什麼也沒有發生。也有些人不斷祈求：「我的生意很興隆。」可是情況卻愈來愈糟。這究竟是怎麼回事？

檢討這些例子之後發現，原來這些人的心靈深處都覺得自己在說謊，而潛意識只能接受一個人的真意！

如果嘴巴上說：「我是億萬富翁」，但心中卻想著：「實際上我很窮」，那麼潛意識就不會實現你口中說的話，而會實現你心中真正想的事。因此有些人拚命唸著：「我的生意很興隆。」但在現實生活中，卻愈來愈不如意，就是這個道理。

那麼我們該怎麼做呢？最重要的是，絕對不可以對自己的心說謊。所以，我認為最好的方法是利用未來進行式的語氣來表達你的願望。

如果目前生意不好的人，口裡卻說著：「我的生意很興隆。」這等於是在說謊。因此他可以改用「**無論晝夜，跟我有關的一切，都將欣欣向榮**」，改用這種說法是在描述將來的事情，所以心中就不會覺得自己在說謊。你要在心情很平靜的時候、就寢前，以及早上醒來時，很輕鬆地利用這種未來進行式的語氣來祈求，如此潛意識比較容易接受。

圓夢小語

富裕和成功正源源不斷地湧進我的生命。

36

潛意識會實現心中的結果

你要了解，只要能在心中看見你所要的結果，潛意識自然會實現它！

摩菲博士到澳洲旅行時，遇到了一位立志成為醫生的少年。摩菲博士看見這位少年的天賦優異，個性也不錯，一定能成為一位好醫生，所以想要幫助他。但是摩菲博士並不是用金錢來幫助他，而是教他自己去賺錢的方法。

當時這位少年是在一家診所工作，負責打掃、擦玻璃，以及簡單的修理工作。他沒有富有的親戚，也沒有能幫助他的熟人，他想要實現夢想的希望似乎很渺茫。可是摩菲博士告訴他：

「被撒在地上的種子，會把自己所必需的養分吸引到身邊來，成長、茁壯。你只要學習像種子那樣成長的經驗，把你的想法，播種在你的潛意識裡就可以了。這樣你就可以從宇宙中吸收你所必要的養分，最後實現你的理想。」

這位少年依照摩菲博士的吩咐，每天晚上就寢前，在心中描繪這樣的情景：他的醫師證書掛在牆上，上面用斗大的字寫著自己的姓名，自己在診所中，正在擦拭醫師證書匾額的玻璃。

大約過了四個月之久，他每天晚上不斷在心中描繪自己的願望，結果真的產生了反應。在那家診所服務的一位醫生，看中這位少年，親自教他各種醫療器具的消毒方法，以及皮下注射和急救的方法，並僱用他當助手，後來又送他到醫學院深造。目前這位少年在加拿大蒙特婁開業，當他站在自己的診所裡，抬頭看著上面寫著自己姓名的醫師證書，他很感慨地說：「其實這張證書，我好幾年前在澳洲就看過了。」

圓夢小語

我時時刻刻描繪著目標達成的景象。

37 精細地想像並觸摸渴望的東西

對於自己想要的東西，不但要很精細地去想像它，而且若有機會，還要用手去觸摸它。

有一位年輕婦人常常出席摩菲博士的演講，她要換三趟公車，所以必須花一個半小時的時間才能到達會場。有一次博士在演講中提及，有一位青年想購買車子，於是利用試車的感覺把自己的要求傳給潛意識，最後奇蹟般獲得了車子。這位婦人聽了這則故事後也依樣畫葫蘆來做。

她依照摩菲博士的勸告，知道願望的水準愈高愈好，所以來到凱迪拉克汽車的展售場，推銷員跟她一起試車，同時也讓她親自駕駛了一個多小時。開車時，她不斷告訴自己說，這部凱迪拉克是屬於自己的，並努力把開車時的感覺深深刻印在潛意識裡。她能確實感覺到，自己的確是把那種感覺刻印到身體深處了。

接下來的兩個星期，她不斷回想自己在駕駛那輛高級轎車，同時用手去觸摸車內高貴裝潢的情景。後來她住在紐澤西州的伯父突然去世了，把一部凱迪拉克汽車和全部的不動產留給她，所以後來這位婦人每次去聽摩菲博士的演講，都是開著凱迪拉克汽車來參加。

你認為這段故事是偶然嗎？如果你有這種想法，那你一定要從頭開始學習有關潛意識的本質。

圓夢小語

太棒了！願望已經不知不覺實現了。

38 願望能被潛意識中的偶發事故實現

利用潛意識便能發生偶然的事情，使你的願望實現。

研究火箭的科學家施密特博士被蘇聯俘虜之後，在一處環境條件嚴苛的煤礦場從事勞動。博士在德國的家已經被破壞，家人被殺。分配給博士的工作很嚴酷，糧食的配給也在最低限度。若繼續這樣下去，不久後他可能會和其他德國俘虜一樣被折磨至死，處在這種絕望的狀態下，最後博士向潛意識求助。

博士對潛意識說：「我想要到洛杉磯去，你一定會替我找出辦法來。」戰前博士曾經在柏林認識了一位美國少女，當時從相片中看到洛杉磯街道和建築物的規模，如今還記憶猶新。因此博士每天晚上就刻意去想像自己和那位美國少女一起在洛杉磯的維爾沙路上散步，一起逛街、搭巴士、在餐廳吃飯，甚至兩個人開著美國的轎車到處兜風等。後來博士的夢想就成為了事實。

這個俘虜營每天早上都會點名，由典獄長一一計算人數。有一天早上點到十七號時，典獄長有事被召回而離開現場幾分鐘，當他再回來，卻錯把下一位當作十七號繼續點名下去，原來十七號就是博士，當天博士就逃脫了。因為傍晚點名時人數和早上相同，所以沒人發現博士逃脫了。

俘虜營沒有派人追查，所以博士很容易地逃到波蘭，然後在友人的幫助下逃到瑞士，在那裡認識了一位生於加州的美國人，後來終於來到洛杉磯。在洛杉磯，就像他腦中所想像的一般，實際在維爾沙路上逛街，而當然，帶路的美國少女也成了他的妻子。

圓夢小語

相信自己的直覺，它有著神奇的力量。

39
潛意識能在充滿信心時產生最大的力量

充滿信心時，潛意識所產生的力量是十九世紀最大的發現。

這是摩菲博士常常光顧的一家西服店女兒的故事。

有一天這位女孩對他父親說：「今天我看到一件標價八千美金的漂亮貂皮大衣，我知道目前我們是不可能買下它的，所以我在心中去試穿它。啊，我實在很想得到它。」這時候，懂得摩菲法則的父親勸她說：「妳應該想像親手拿起那件貂皮大衣穿在身上的情景，而且儘量去想像那種柔軟感和穿在身上的高貴氣質。」並建議她去聽摩菲博士的演講。

聽過摩菲博士的演講後，她就在心中想像著那件大衣，她在心中像小孩疼愛寵物一般輕輕地撫摸它。經過不斷的想像，她終於能夠享受把貂皮大衣穿在身上的那種感覺。她每天晚上都想像自己穿上了這件大衣，並認為這件大衣已經歸自己所有，在歡心喜悅中入眠。如此經過了一個月，卻沒有發生什麼變化，在她的信心有點動搖時，她想起了摩菲博士所說的話：「唯有意志堅定者才能有所收穫」，於是她繼續想像著。

有一個星期天早上，她聽完摩菲博士的演講準備離開會場，有一位男士不小心踩到她的腳，這位青年鄭重地向她道歉，然後提議開車送她回家，女孩接受了他的好意。

後來二人交往了一段時間，這位男士就向她求婚。當他送給她鑽石戒指，順便告訴她說：「我看到一件好漂亮的大衣，如果穿在妳身上，不知道該有多美。」於是二人就一起去看那件大衣，原來就是那件她夢寐以求的貂皮大衣。結果她不但得到了大衣，還獲得了丈夫。

圓夢小語

在外在世界達成目標之前，先在內心相信所有必要的事。

40 不批評自己所屬的團體

在心中批評自己所屬的團體（組織），等於是切斷了自己和團體之間的關係！

有個人任職於一間大公司，卻經常在心中埋怨自己的薪水太低，或是自己的努力沒有獲得相當的回報，在他抱怨這些事的時候，等於在潛意識中，切斷了自己和團體之間的關係。

這種人在不知不覺中，啟動了一種潛意識法則，如果他再不趕快改過，雖不會馬上被炒魷魚，但可能會被調到其他不重要的部門，或是永遠沒有升遷的機會。把這位員工革職或是打入冷宮，是該公司的經理看透了這個人的否定心態所作的反應。

在我們的潛意識中，有「作用」和「反作用」法則存在，這個例子只是其中之一。以這件事來說，作用就是該員工的想法，而反作用則是指他的潛意識反應。

遇到這種情況時，該怎麼做才好呢？首先你要認真檢討自己真正的願望是什麼？**你要思考，你希望在這間公司中擔任那一種職位、做那一方面的工作，才會感到生活充滿意義？**

決定了自己所希望的職位之後，你就可以開始想像自己在該職位活躍的情形。同時你要想像，自己在該職位立下大功，接受同事祝福的場面。每天至少二次——就寢前和起床前——放鬆心情去描繪，相信它的效果，就像物理法則一般，一定會出現成果的！

圓夢小語

我熱愛我的工作，我愛我的同事、公司。

41 事先描繪已成功的形象

一位成功的實業家，是指能夠親眼看到自己事業計畫成功實現的人。

石油大王弗拉格勒（Flagler）很有自信地說，自己成功的秘訣是「有能力目睹自己所計畫的事被完成」。他曾經閉目想像規模龐大的石油產業，以及火車在鐵軌上大鳴汽笛冒出濃煙的情況，他想像自己親眼目睹願望達成，他的潛意識就真的把願望實現了。只要你能夠很明確地想像出你的目標物，潛意識就會以你想像不到的方法，透過奇蹟般的力量，給你所想要的東西。

你聽說過的知名企業家，或者是沒有那麼有名的實業家，只要是事業正在蓬勃繁榮的人，這些人全都在很早以前就在腦中描繪自己事業興盛的情景，且不斷灌輸給他的潛意識。同時，這些人都被他自己心中的藍圖所吸引，把全副精神貫注在這方面，勇往邁進。

目前已成為偉大學者的人，過去也都有一段拿低薪、當助手的時期。能夠在學術界出人頭地的人，頭腦應該不會太差，有機會去尋找其他待遇更高的工作，可是他們卻甘於忍受連想結婚都結不了的低薪，節衣縮食來購買書本認真研究，這究竟是為什麼呢？

這些人都在自己腦海中描繪出成為偉大學者、正在從事研究或向學生們講解的形象；或在心中已經體驗出自己所研究的事項發表在雜誌或書籍上，被其他學者閱讀讚揚的那種優越感。

我要提醒你，**無論在哪一個領域，能夠闖出一番轟轟烈烈事蹟的人，都曾經事先在心中描繪自己成功的形象**。

圓夢
小語

把成功形象深深地植入我的內心。

42 夢想自己成為大明星

沒有一個明星不曾夢想過，自己成為銀幕上特寫鏡頭的人物。

摩菲博士所認識的某個電影明星說：

「我沒有接受高等教育，不過我從小就常常夢想自己成為一個成功的電影明星，無論在野外割草、趕牛回家，或在擠牛奶時，我都不斷想像自己的名字在大戲院銀幕上出現的情景。我夢想這種情景好幾年之後，終於離家出走，起初擔任電影公司的臨時演員，最後正如我少年時所夢想的情景一樣，我的名字以特寫畫面被放映在銀幕上。因此我相信，一個人如果能繼續維持心中的想像，的確能使你成功。」

不過，看完這一段話之後，也許會有讀者產生懷疑。因為想當明星的年輕朋友中，大部分人都無法達成他們的願望，這是為什麼呢？

關於這點並不稀奇，因為能夠長期不斷想像自己成功形象的人意外地少，而前面所說的這位電影明星，從鄉村離家出走之前，有好幾年的時間，每時每刻都在想像自己成功的形象。在他擔任臨時演員之後，有好長一段時間，他的腦中也都一直想像著自己成功的形象。

再說這個行業競爭相當激烈，所以一定會有人希望競爭對手能夠失敗。有時候，希望對手失敗的意願會比希望自己成功的意願還強。可是希望別人失敗的心態，等於是對潛意識貫注希望自己失敗一樣，因為潛意識不會知道「要誰失敗」，只是依照被刻印的失敗形象和失敗感，把它實現在有這種思想的人身上。

圓夢小語

願望已經透過具體的描繪而實現了。

43 提高願望的水準

你要提高願望的水準，如此便能照著你的願望實現。

這已經是三十幾年前的事情。摩菲博士認識一位年輕藥劑師，他每週有四十美金的固定薪水，而且有業績獎金。他告訴摩菲博士說：「我做二十五年就要退休，因為那時候還有退休金可拿。」而博士對他說：

「你為什麼不想擁有自己的藥局呢？我勸你離開此地吧。你應該提高你的願望水準，你要對自己的孩子有夢想，也許你的兒子會想當醫生，你的女兒想當音樂家，這麼一來，你目前的薪水是沒有辦法培養他們的。」

年輕的藥劑師說：「目前我沒有足夠的錢，無法擁有自己的藥局。」

此時，摩菲博士對他說明「萬能的潛意識」，告訴他只要自己的想法不斷貫注於潛意識，潛意識就會實現它。

後來，這位藥劑師就開始想像自己站在自己藥局裡的情景，他在心中不斷想像自己在整理藥品、配藥，以及店內有數位店員在跟顧客談話的情形，同時他也想像在銀行裡已經有一筆可觀的存款。他的心已經在想像中的店裡工作，他也像一位好演員，完全融入這種角色來生活。

我要強調的是，**長期扮演自己心目中的角色，不久就真的會實現這種理想，這就是潛意識的法則。**

後來這位藥劑師辭去原職，任職於一家新的連鎖藥局，之後升任經理，不久再被提升為該地區的負責人。有一天他突然發現，自己在銀行裡已經有足夠開藥局的存款，於是他把自己的藥局命名為「夢之藥局」，最後終於成為一位成功的人。

圓夢小語

一個人的成就，與其思考格局成正比。

44

潛意識有助於改善成績

被認為智商較低的學生如果能利用潛意識，也能成為優秀的學生，因為潛意識是記憶的寶庫。

青少年在學業方面有困難或成績不好，很少是起因於純粹的智商問題（如智能障礙等），而且大多數都可以藉著潛意識的力量解決。

摩菲博士認識一位高中生，因為成績不好而對自己的記憶力失去信心，於是博士告訴他，利用潛意識的法則，一天做好幾次的自我肯定，特別教他在最容易激發潛意識的時刻進行，也就是就寢前和早上起床前。這位少年自我肯定灌輸於潛意識的內容如下：

「我知道自己的潛意識是記憶的寶庫，我會把讀過的內容和從老師課堂聽到的事情全部記下來。我擁有完整的記憶力，在我的潛意識中有無限的知性，無論在筆試、口試或任何型式的考試中，都會向我提示我該記下來的東西。我要向所有的老師和同學散播愛和善意，我衷心希望他們能夠成功。」

隨著他的祈願逐漸滲透到潛意識，他的記憶力逐漸增強，同時與老師和同學間的人際關係亦改善許多，他的成績全部變為A等。

我們常常會忘記事情，過了一段時間又會想起來，那麼在忘記的那段期間，那些記憶到哪裡去了呢？實際上是到潛意識裡去了，因為潛意識不會忘掉任何事情，只是它不容易浮出在顯意識而已，因此只要你對自己的潛意識有信心，記憶力當然會提高。

圓夢小語

學習是容易的，我的學習效果很好。

45 潛意識也能促進交易成功

想要使交易成功，如果知道潛意識是眾人共通，就應該知道其助力會以意想不到的方式出現。

當你想要出售房屋，要如何才能找到好買主呢？現在就來介紹摩菲博士自己的經驗。據說，當時在美國要出售房地產相當困難。

摩菲博士在自家門前的草坪上豎立一塊告示牌「此屋出售中・屋主」，第二天博士在準備就寢前問自己：「如果這幢房子賣出去，我要做些什麼？」他自己對這個問題的答案是：「我會拿掉那個告示牌，丟到車庫裡去。」

接著博士就想像自己拔起告示牌，扛在肩膀上，走到車庫把它丟在地上，並且向告示牌說：「我已經不需要你了」。這時候博士覺得一切事情都已經辦好，心中感到很滿足。

第二天有一位男士交給博士一千美元的訂金，後來以相當有利的條件談成了這筆買賣。當時在美國賣房是一件很困難的事，往往打了很大的折扣還找不到買主，常有一直被擱置到荒廢成鬼屋的情況。因此博士在立了告示牌的第二天就將房屋銷售出去，可說是一件奇蹟般的事情。

談成令人滿意的買賣之後，博士就拔起告示牌，丟到車庫裡去，一切的過程都和他昨天在心中所描繪的情況一致。這並沒有什麼稀奇，我們不是常說內外一致嗎？換句話說，日常生活就像一個客觀的外界銀幕，經常會映出被刻在潛意識中的形象，也就是說，外界的景象是反映心中想法的鏡子。

圓夢小語

交易已經完成，而且很輕鬆、順利。

46 一定有人想買你出售的物品

你的心思和眾人的心思相通，所以你想出售的東西，一定有別人很想買。

若你想要出售房屋、土地或汽車，不要操之過急，先放鬆心情去體會賣出的實感，並以下述的方法來加以肯定：

「無所不能的潛意識會替我找到一位喜歡並買下這間房子，且入住之後將來會發達的買主，在絕不會犯錯的潛意識引導下，這位買主將自動來找我。

雖然這位買主可能還會看過其他許多房屋，不過他最想買的只有我的房子，因為他內心的潛意識會引導他得到最好的，而我正是這位買主想要找的對象，一切條件都適合他，價錢也很恰當。現在我的潛意識已經開始活動，而我們二人一定會根據潛意識所安排的秩序來見面，我確信這件事即將發生。」

你別忘記，你所要的東西別人也很想要。你想要出售房屋或其他不動產時，一定有人很想要你準備出售的東西。你可以利用潛意識的力量來避免買賣時心中產生的緊張、恐慌。

而且這種技巧一旦成功，以後成功的機會將愈來愈多。摩菲博士想出售自己的房地產時，第二天就找到買主，就是一個利用這種技巧最顯著的例子。

圓夢小語

源源不絕的客戶，迫不急待地想得到我所提供的服務。

47 想像問題已解決時的情景

要解決問題時，做一些能夠解決問題的象徵性行為，就能獲得奇蹟般的意外效果。

我認識一位朋友，他很早以前就住在郊外，但是他的土地是租來的，他很希望地主把土地讓售給他。他跟地主交涉了很久，可是其中夾雜了許多難以解決的問題，所以一直沒有什麼進展。不過根據法律，地主無權趕走現住者，因此他確信有一天地主一定會把土地賣給他，但是地主總是一直推三阻四，商談進展得很不順利，最後他來找我商量。

我勸他不要再為了想出種種方法而白費精神，應該全心全意去想像能表示該土地已歸自己所有的各種象徵性狀況，同時我也把摩菲博士銷售房屋的經驗告訴他。當時是初夏時節。

他有一個兒子，當時剛好是兒童節前後，依照當地習俗，家家戶戶都會掛起鯉魚旗。當他在庭院前豎旗杆時，忽然想起我告訴他的那些話，他就把豎立旗杆的行為當作是取得該土地的象徵性行為。

「這塊土地即將變成我的，我現在要打樁來做標準，我要在自己的土地上打樁，好讓勝利的旗幟在天空飄揚。」

他就在心中這樣反覆唸著，把旗杆打入地面，結果打樁行為激發了潛意識而達成目標。沒有多久，地主很順利地接受他的條件。夏天尚未過去，一切手續都已辦妥，那塊土地完全歸他所有。

圓夢小語

面對問題，擁抱問題，自然解決問題。

48 心中常抱成功的想法，終會成功

成功的企業家都是不斷在心中抱著成功想法的人，持續許久的想像力會激發潛意識而產生奇蹟。

我知道有許多大企業家，每天會反覆不斷唸著抽象性的單詞「成功」二字，最後終於成功了。因為這些人知道，「成功」的想法包含著成功所必須的一切要素。

我希望你也模仿這些企業家，從今晚開始，以最大的信心不斷對自己唸著「成功」這二個字。如果這樣做，你的潛意識會知道這句話對你是很迫切的，結果潛意識就會引導你走向成功之路。

你別忘了自己主觀的信念、印象、信心，如果持之以恆，就會以客觀性、具體性的方式被表現出來。當然，你一定很希望在家庭生活、社會生活、人際關係，以及經濟方面都成為一位成功者。你一定很希望有足夠的金錢，能住在獨棟的漂亮房屋，過著舒適幸福的生活。

你所做的事和自己的生存有關，所以從另一個角度來看，你也是一個事業家，因此我希望你能成為一位可以隨時做自己喜歡事情的成功企業家。你必須擁有豐富的想像力，在心中描繪自己已經成功的形象，同時對這件事習以為常。

如果每天晚上能夠享受成功的感覺，並在完全滿足的情況下就寢，你就可以成功地把自己的想法灌輸到潛意識中。**你要想像自己是天生就注定要成功，那麼你所希望的奇蹟一定會發生在你身上。**

圓夢小語

我是天才，我秉持成功的想法。

49

潛意識會幫助不斷努力的人

像海天一角射來的閃光般，潛意識會把正確答案賜給不斷努力的人。

潛意識的功能是把顯意識所想的事情完全接受，在睡覺時也不休息，一天活動二十四小時。科學家的偉大發明和發現，大多也是受到潛意識的協助。如果你在顯意識中碰到了無法解決的事情，可以把它交給潛意識去辨，潛意識會從過去的許多資料中選擇最恰當的要素加以組合，替你找出一個正確答案。

有名的德國有機化學家凱庫勒（A. Kekulé），是一位對化學作了歷史性偉大貢獻的學者，他也利用了潛意識的力量。長久以來，他不斷努力想改變苯化學式中六個碳和六個氫的配置方法，但總是碰壁，一直無法解決。疲憊不堪之下，最後他把這個問題交給潛意識去辨。

後來有一次，他在倫敦搭公車時，他的潛意識提示顯意識，蛇咬到自己的尾巴，像一個火輪煙花般旋轉的情景。根據潛意識給他的靈感，他終於獲得長久以來所尋找的答案，而把原子排列成環狀，這就是人們所熟悉的苯環。

當凱庫勒準備要搭公車，可能是他顯意識的功能臨時中斷，潛意識就趁著這個機會提醒他解決問題的關鍵。從這個例子可以知道，**問題的答案常常會在意料不到的時刻，以閃電般的方式出現**。

圓夢小語

我付諸正確的行動，目標終必達成。

50 感謝之心獲致無限財富

感謝之心，可讓你接近宇宙中的無限財富。

聖保羅在《聖經》中勸導人們，應該以稱讚和感謝之心，來表達自己的要求。因為感謝的心和宇宙中的創造力極為接近，所以也容易感應萬能的潛意識。於是較多的恩惠，就會流向擁有這種心情的人們身上。

不過值得注意的一點是，不可以接受恩惠後才感謝，要在恩惠還沒有形成具體型態之前就感謝。這也就是聖保羅所說的：「以感謝之心來表示要求」的意義所在。

以下我就以普羅先生的例子來說明。普羅先生有三個子女，可是他目前正處於失業中，各種帳單愈積愈多，幾乎到了山窮水盡的地步。這時候，有人教他「感謝法」，而他也有所感觸，就決定實行這種方法。大約經過了三星期，他每天早、晚都心平氣和，有規律地祈願：「神啊！我感謝○○賜給我的財富。」如此反覆唸著。

不久之後，他心中真的充滿了感謝。偶爾心中產生煩惱、恐懼、貧窮、困苦等念頭時，他就立刻祈念：「神啊！我感謝○○！」一直以這種方式，來防止悲慘的氣氛侵入他心中，努力保持安靜、祥和的心境。

他相信感謝的心情一定會被傳達到宇宙中的萬能知性。結果對於他「感謝之心」的回報，很快就發生在他身上。從他開始祈念後的三個星期，在一次偶然的機會中，他和二十年前的雇主碰面。在這二十年間，他們失去了聯絡。這位雇主不但提供他一個好職位，還先借給他五百元美金。現在這位普羅先生已經當上了該公司的總經理。

圓夢小語

感謝愈多，收穫愈多。

51

富裕的感情可帶來財富

反覆唸著代表富裕和成功的簡單語言就可以了。

雖然你想要說：「我很富裕」，但若你心中覺得其實自己很貧窮，那麼你心中真正的想法，就有灌輸給潛意識的危險，所以利用未來進行式的語氣，例如「我將會愈來愈富裕」這種說法比較安全。

不過還有一種簡單的方法，就是利用「單詞」（簡單語言）。例如：「財富」「豐富」「富裕」……等有關富有的單詞就可以了。其他也可以利用「成功」「達成」之類的單詞。別小看這些單詞，它們往往會發揮驚人的力量。

原因是這些單詞，就是代表隱藏在潛意識內力量的語言。所以你必須把自己的心，和隱藏在內心的強大力量結合在一起。長久下來，這些單詞的本質和它所擁有的實性，就會出現在你生活中。

這並不是要你勉強認為「自己是富翁」，而是把這種想法輸入自己的內心，只要這樣就可以了。

因為「財富」這個名詞，只是個單詞，說出來並不是說謊，所以心中不會產生矛盾。但是長期把「財富」「富有」的觀念輸入身體內部，就會逐漸產生富裕的心情，到了這個地步，就事半功倍了。無所不能的潛意識一定會反映你心底的感情，實際去製造那種富裕的情況。所以我們可以說，富裕的感情可帶來財富。

別忘了這句話！

圓夢小語

我擁有更多的財富。

52 別嫉妒他人的富有

嫉妒是致富的最大敵人。

使許多人陷入貧窮困境的原因，是嫉妒的感情。

舉例而言，眼看自己認識的人，在銀行裡有一大筆存款，而自己的存款卻少得可憐，這時候你心中存在的情緒，可能是嫉妒吧！只要心中有嫉妒，你永遠都不會富有！

因為潛意識會把嫉妒當成否定性的情緒來接受，換句話說，嫉妒別人富有，等於是你自己心中否定了財富。你的顯意識所否定的事物，潛意識也會加以否定而不接受。只要你有嫉妒別人富有的感情，財富就絕不會流向你那邊，反而會從你這邊流往別處。

年輕時，我曾經和窮人一起工作。雖然有些文學家經常在文章中讚美窮人，不過我所看到的窮人，大多心中充滿了嫉妒。他們除了會嫉妒經濟狀況轉好的同伴，還會詆毀對方！在幾位兄弟中，生活比較富裕的人，一定會遭到其他兄弟的嫉妒和中傷。雖然窮人會互相幫助，做一些善事，但絕不允許自己的同伴出人頭地，脫離貧窮的圈子。

後來我也和中產階級的人，以及比較富裕的人有所接觸，我發覺比較富裕的人，都喜歡聽別人成功的故事，而且會為他慶幸、鼓勵。也許有些例外，不過一般來說，窮人會同情環境比自己差的人，但是對於比自己好的人，卻會產生強烈的反感。而富裕的人有時候同情心不那麼強，但是會欣慰於別人的成功。

你可以加強對別人的同情心，但是，絕不可以對生活情況比你優越的人產生反感，千萬不要有仇富心態。

圓夢小語

我欣賞、感激每一件人事物。

53 想致富也同時祝福他人

祝福別人的富裕，等於是為自己招來財富。

當自己窮困潦倒，對於擁有巨額財富的人會產生嫉妒之心，這也是人之常情。但是嫉妒的情緒，會讓自己內心產生否定財富和幸運的念頭，進而灌輸到潛意識裡。那麼我們該怎麼做才好呢？

遇到這種情形時，你要立刻祝福對方。如果你聽到某某人發了財，而感覺心中即將產生嫉妒的念頭，應立刻改變主意，去祝福對方的成功。你要為他的成功慶幸，這麼一來，等於使你的顯意識肯定了財富和幸運。被潛意識接受以後，必定也能為你自己帶來財富和幸運。

如果你覺得只祝福別人有點不公平，你也可以加上為自己祈願的話，比如：「聽說他發財了，我祝福他和他的財富，我也希望自己能有機會獲得那種幸運！」玩股票的人，看到別人的股票漲停板，都會在心中祈念：「對方好，我也好！希望我比對方稍微好一點。」

在這些祈求詞中，一點都沒有否定性的話語和否定性的想法，而且很自然地表達了一般人的心理。想出這種優秀祈求詞的人，理所當然地，所做的一切都會順利。

俗話說「害人害己」，這句話正好可以代表潛意識的法則。因此你必須多祝福別人的幸運、成功，這樣做等於使自己也加入成功的行列。

圓夢小語

我祝福所有人，也祝福我自己。

54 自己也有成為富翁的一天

你要大膽地說：「我有權利成為富翁！」如此，潛意識就會對你的斷言有所回報。

你有權利成為富翁。因為你是為了自由、幸福，並且過著富裕的生活，才誕生在這個世界上的。因此你應該可以獲得足夠的金錢，去過幸福、富裕的生活。宇宙（即潛意識）的資源如此豐富、充盈，因此存活於宇宙中的你，根本不應該過著貧窮的生活。

你應該讓自己享受美麗而豪華的生活，你想更富裕的慾求，不外是想要過著幸福、更充實、更美好的生活。而這種願望，符合宇宙調和的要求，這種要求不僅是一件正當的事，而且是一件非常良好的事。

我認識一對姊妹，姊姊比較保守，凡事肯犧牲，但是脾氣比較暴躁、易怒，經常焦躁不安。妹妹則比較開朗、自私，並曾公開說：「我要過著幸福的人生，我要嫁一個好丈夫，過著富裕的生活。」姊姊卻批評妹妹：「妳是在作夢！」而且姊姊為了奉養父母拚命工作，她對妹妹穿著漂亮的衣服參加舞會感到不高興。

可是，後來這一對姊妹的命運值得我們矚目。姊姊的一生沒有幸福可言，最後還罹患了癌症；相反的，妹妹的婚姻生活卻很美滿。

依照傳統的道德觀念來看，姊姊是一位孝女，而妹妹卻十分任性，愛慕虛榮！所以姊姊值得我們推崇。可是在實際生活中，姊姊的人生很不幸，而妹妹卻得到了幸福。

本書並不是為了說教、宣揚道德而寫，而是以說明宇宙的真理為目的。違反真理的道德反而會導致不幸！

圓夢小語

我是宇宙天地萬物之子，我吸引成功、富裕。

55

貧窮也是一種疾病

貧窮沒有美德可言。貧窮和其他的「心病」一樣，也是一種疾病。

如果你生病了，你一定會認為自己身體的某些部分不對勁，然後立刻向別人（醫生）求助，做某種適當的處置。同樣道理，如果在你的生活中，金錢不能充分循環，那麼一定是你的某些部分發生了問題。

你的生命法則，原則上是指向更富裕的生活，而貧窮違反了生命本來的慾求，你絕不是為了住在茅屋中，穿著襤褸的衣服，餓著肚子過日子，而出生在這個世界上的。你應該過著幸福、富足、成功的生活才對！

可是過去有許多宗教和哲學都讚美貧窮，認為貧窮是一種美德，事實上這種看法，是在特殊情況下產生的。

因為在暴政或共產主義國家，不尊重個人價值的政治體制之下，個人的富裕是被否定的。如果在這種社會中想要富有，就必須使自己變成獨裁者，或是對別人施加暴政（暴君）才能達到目的，因此很多人不得不放棄富有的念頭，甘願過著貧窮的生活。說起來，這種想法其實只是一種自我安慰罷了！

但是目前我們所生活的社會，是一個尊重個人自由的理想社會，我們不必當獨裁者或暴君，也可以過著富裕的生活，也可以成功。因此現在的你，如果還受到違反生命法則的時代所建立的價值觀影響，是極不合理的事。別忘了，每一個人都能擁有富裕的權利，這才是生命法則，而貧窮等於是生命法則的作用不足，是一種不該有的現象。

圓夢小語

我喜歡金錢，希望有足夠的錢做任何想做的事。

56 別說金錢的壞話

絕不可以說金錢的壞話，如果說了金錢的壞話，金錢就會逃避你。

你必須排除心中一切對金錢不合理的想法和迷信，你絕不可以把金錢當成不好的、骯髒的東西。別忘了，如果心中排斥某個東西，不久之後你就會完全失去它！大多數的人只能獲得有限金錢的理由之一，是因為這些人或許曾在心中、或公開說過金錢的壞話。這些人常常把金錢看成一種骯髒的東西，或是製造罪惡的東西。

實際上，金錢只不過是一種買賣、交換的象徵，它可以使你脫離貧窮，帶來美好和豪華的生活。當你的血液在體內自由循環，代表你很健康；同樣的道理，當金錢在你的生活圈內自由循環，也表示你的經濟情況很健康。

對一個國家來說，如果國內每一位百姓都有足夠的金錢在循環，這個國家便很健康，而一旦循環發生異常，這個國家就會陷入不正常的狀態。由此可見，不好的是金錢不能充分循環，並不是金錢本身不好，而造成罪惡。

好幾世紀以來，金錢隨著交換、買賣的方式，而有不同形狀的改變。有一段時期，金錢是美麗的貝殼或玉石、裝飾物，也有一段時期是用牛、羊的數目來估計一個人的財富。此外，也曾有過以穀物的多寡來衡量財富，以及直接使用金、銀的時期。而現在，則是利用貨幣和其他證券。當然，付出代價時，簽一張支票或是利用信用卡、鈔票，比起用牛、羊或一包包的穀物來計算，當然是方便多了！

穀物以及牛、羊或金、銀，並沒有什麼不好，這些東西也跟人類一樣，為依照生命法則而被創造出來的！

圓夢小語

有錢真好，我是一個有錢人。

57 善用金錢的功能

詛咒金錢的人，等於在詛咒火一樣。本來好的東西，也會因使用方法不當而帶來災禍。

曾經有人這樣說：「我破產了，我恨金錢，因為金錢是罪惡的根源。」但實際上，這種想法實在莫名其妙。如果有人說：「我遭遇一場火災，所有東西都被燒毀了。我恨透了火，火是造成悲慘的禍根。」那麼這個人的腦筋一定有問題。因為火本身並沒有什麼罪惡可言，它可以讓我們在冬天過著溫暖的生活；可以讓我們吃煮熟的食物，火是人類進步的原動力。

金錢在這個世界上只是一種交換財富的手段，如果有人詛咒它，那麼這個人的腦筋一定有問題。同樣地，若有人把交換手段當成是一種絕對性，也是想法有問題。如果你有強烈的意願，並下定決心：「我要把一切注意力著重在賺錢上，其他任何事我都不管。」那麼你一定能賺很多錢，獲得可觀的財富。

但是不久之後，你會發現自己想要的並不是金錢本身。你會覺得能夠儘量表現自己的才能，同時在社會中獲得適當的地位、過著美好的生活，並且對別人有所貢獻，這些才是自己所期望的。到時候你就會知道，金錢只是一種達成目的的手段，它本身並不是我們所追求的目的。

但實際上，我們也不該忽略獲得金錢的方式。你可以儘量利用潛意識的法則去獲得更多的錢，然後利用這些錢來進行各種活動，使自己的心更祥和、更健康。

圓夢小語

我善於投資理財，我是一個理財大師。

58 肯定金錢在生活圈中循環的事實

你要相信象徵宇宙財富的金錢，能夠在你的生活圈中循環的事實，並肯定這種法則。

認識自己的潛意識，是獲得各種財富——精神上和金錢上的財富——的捷徑。

如果你有研究摩菲法則，你就會發現，不管國家的經濟情況如何？股票市場的景氣如何？有無罷工、戰爭……等等，你都可以獲得相當多的財富供給。理由是你已經把自己對財富的想法，灌輸到你的潛意識中，因此不管你的處境如何，潛意識都不會讓你過著不如意的生活。

對潛意識的功能有信心的人，都會相信金錢隨時隨地在自己的生活圈中自由流動，而且相當豐富，取之不盡，用之不竭。萬一國家破產了，就像第一次世界大戰後的德國馬克一般，國家的法定貨幣變成了廢紙，你仍然不會斷絕財富的供應。

現在我要介紹一項簡單技巧，能夠使金錢不斷流入你手中。請你把下述的祈求詞，在每天身心放鬆的時刻，慢慢反覆誦唸數次：

「我喜歡金錢，我也很愛金錢，我會很慎重地把金錢應用在建設性方面。我也喜歡讓金錢溜走，但是我相信，它會增加好幾倍，再回到我的身邊。金錢是好東西，實在是很好的東西。金錢會像雪崩一般湧到我的身邊，我會把它使用在有意義的事情上。我很感謝自己所獲得的利益，和我心中的富有。」

如果你依照這種方法繼續祈念，不久之後，你的生活就會大為改善。

圓夢小語

我善用金錢，取之不盡，用之不竭。

59

追求做大事所需的金錢

你不能只想要剛好夠用的金錢，應該追求足以隨時應付做大事所需的金錢。

不要忘了，你的潛意識是和無限的財富連接在一起的，就因為你在潛意識中有無限的財富，所以大可不必對你所要爭取的財富太客氣。譬如說，假設你現在向別人租房子，你心中當然也會希望擁有自己的房子，此時在你腦中描繪出的，可能只是一棟十五、十六坪的小房屋而已。

其實你不必這樣短視，你可以把眼光放遠一點，做規模更大的夢想。你要常常到戶外去散步，相信可以在住宅區中發現你所嚮往的房子，如果你多看看有關住宅的雜誌，你一定會在其中看到較理想的房屋設計，如此不斷斟酌，不久之後，你的腦中就會產生最理想的房屋藍圖。

這時候，你就把心中的藍圖描繪在紙上，然後想像這棟房子已經建好，而你已經住在其中。相信最慢在數年之後，你就會透過意想不到的方法實際住在這棟房子裡。

當你想用彈弓打麻雀，不管麻雀是停在五十公尺前的地面上，還是停在五十公尺高的樹枝上，難度都是一樣的，並不是停在樹枝上的就比較難打中。

當你想擁有自己的房屋，對於能達成你願望的潛意識來說，不管這棟房屋是一棟小房子或是堂皇的宅邸，其難度並沒有什麼差別。

因此你要把目標訂高一點，這種說法好像違反常理，但你如果知道潛意識的法則，就會了解，想要一棟大房屋還是一棟小房屋，難度可說是一樣的。

圓夢小語

我要放大思考的格局。

60
別以為自己不需要金錢

不能順利存錢的人，都在心底對自己說：「我不需要金錢。」

某一家公司一位能幹的年輕經理抱怨說：「我每天都很忙，工作到很晚，過去公司也因為我的意見和提案賺了不少錢，可是我三年來一直都沒有升遷，連我的屬下都加薪或調升了。」

實際上這位青年很能幹也很勤勉，不辭勞苦地為公司努力做事，而根據調查發現，他不能升遷的原因在於他的家庭問題。目前他與妻子分居，三年來不斷為了財產、子女的贍養費等問題爭論不休，因此在他的無意識中，也就是在他心底深處認為，這次的訴訟還未告一段落之前，不希望有額外的金錢收入。

換句話說，他擔心如果錢賺愈多，就要付出愈多贍養費。同時他對妻子懷有恨意，所以心想：「我不願意多給妳錢，不讓妳有好日子過。」

由此可見，他希望「不必有太多的金錢收入」，同時「不讓妻子有好日子過」，那種感情等於是否定財富，結果對他的經濟方面產生了負面的影響。

被摩菲博士點破之後，這位聰明的年輕經理立刻發現，**妨礙自己致富和升遷的是自己本身**。他同時也領悟，為了自己和要離婚的妻子、子女的將來，應該多希望他們健康、快樂，因此他改變了以往的觀念。

幾個星期之後，他的精神煥然一新，同時公司也發表了他升遷的消息。更令人驚訝的是，準備分居的妻子希望和解而向他要求破鏡重圓。

圓夢小語

我正確地運用金錢。

61 心理狀態能創造財富與名望

財富會影響心理狀態，同時心理狀態也會創造財富和名望。

下面是摩菲博士所認識的一位外科醫生的故事。這位醫生是英國威爾斯地區一位礦工的兒子，他父親的收入不高，所以他在少年時代都赤著腳上學。除了大慶典，平時很少吃到肉。

有一天，這位少年看到外科醫生開刀治好了同學的眼疾，大為感動並下定決心，對他父親說：「我想當外科醫生」，他父親回答說：

「二十五年來，我為了你的將來一直不斷在儲蓄，目前已經有三千英鎊，這些錢是為你將來教育需要而準備的。不過我認為在你醫學院畢業之前，不要去動這筆錢比較好。你畢業後，我們就用這筆錢在哈利街（倫敦一條醫生聚集的街道）開設一家設備完善的診所，你看好不好？在此以前，這筆錢大概也會生一些利息，如果你有需要，隨時可以拿去用。」

父親充滿愛心的安排讓這位少年努力奮發，他答應父親在開業之前不去動用這筆錢，奮發用功考進醫學院，半工半讀完成了學業。畢業當天，父親對他說：

「說老實話，我是一個礦工，哪有辦法在銀行存錢呢？我在銀行沒有存過一文錢，不過我希望你在自己的心靈深處能夠挖到無限的金礦，所以用那些話來激勵你。」

年輕的外科醫生聽到父親這麼說，頓時愣住了，不過同時他也領悟到，他相信銀行裡有三千英鎊存款這件事發揮了很大的作用，讓自己能夠達成目標。由此可見，一個人外在的成就是他內在信心的表現。

圓夢小語

我的內在豐盛富饒。

62 富有更加富有

富人會愈來愈富，而窮人會愈來愈窮。

「凡是有的，還要加給他，使他豐富有餘；凡是沒有的，連他所有的也要奪走。」這句話出自《聖經．馬太福音》，又為稱為「馬太效應」，是描述「富者會愈來愈富，而貧者會愈來愈窮」。雖然這些話寫在《聖經》裡令人感到很殘酷，可是這也是真理。

真正富有的人，在思考方面擁有更大的創造知識，能夠把豐富、繁榮的思想不斷刻在潛意識中。這樣的人，因為一直注意著身為一切根源的「心中財富」，而愈來愈富有，就像落在地上的種子會產生出幾百個種子一般，你財富的種子（有關財富的想法），不久就會成為你本身的經驗而加倍出現。

摩菲博士認識一位不動產業者，他當初認為一切的事物都受到限制，特別是國家的財富都被少數大富翁所占有，因此心裡大為憤慨，而且他也認為，既然社會結構如此，如果不狠下心來殺價或囤積物資牟利，或趁著別人的無知獲利，根本無法成功，所以他一直認為競爭是獲得勝利的唯一辦法。

但是後來，他透過摩菲博士知道財富是無限的，根本不必奪走別人的東西，自己就可以創造一切，於是他採取跟別人合作的態度來代替競爭。

他連續三個月祈願說：「世上所擁有的無限財富，會以與我使用它相同的速度流入我的手中，同時所有人都會一天比一天富裕。」結果在三個月之內，他的收入就增加了三倍，這正好印證了富人會愈來愈富的道理。

圓夢小語

我是富翁，我會愈加富有。

63
忘卻不愉快的往事

曾因吃了青花魚而引起蕁麻疹的人，以後只要看到青花魚，就會引起蕁麻疹。因為潛意識不會忘記任何事情。

有一次，我的學生告訴我一個真實的故事：

「不知道什麼原因，我一直不敢吃青花魚，看到大家都吃得津津有味，但是我實在嚥不下去。直到最近，我才從奶奶口中知道原因。原來小時候我很喜歡吃青花魚，有一次吃得太多而引起腹瀉，一直都治不好，從此以後我就不敢再吃青花魚了。雖然奶奶這樣告訴我，可是我對這件事情卻一點印象也沒有。」

沒錯，即使你的顯意識完全把事情忘記，潛意識仍會牢牢記住。換句話說，控制身體的潛意識，記住吃過青花魚腹瀉的事件，只要一看到青花魚，就會產生防禦反應。你的潛意識一天二十四小時都在不斷活動，無論事情大小，一旦接受，便絕對不會忘記。因此當你想要對潛意識下一道命令，也就是要做某些判斷，絕不可說出對自己不利的事。

「我一喝咖啡就會到凌晨三點還睡不著。」有這種想法的人，等於是對潛意識下了一道命令：「不要讓我的身體在凌晨三點以前睡著。」結果他就會到凌晨三點還一直興奮得沒有辦法睡覺。同樣的道理，自己認為「我和金錢無緣」的人，等於告訴潛意識：「讓自己一直貧窮下去。」對於日夜不停發揮功能的潛意識，你要特別用心讓它朝著對自己有利的方向運轉！

圓夢小語

我只對正面的信念有反應，我只看見正面的結果。

64 潛意識是治病的良藥

潛意識能夠使一個人的肉體存在於現實世界，因此可藉助潛意識來治療疾病。

我們都是從一個肉眼看不到的小小受精卵，慢慢長出手、腳、眼睛、耳朵，直到成長為目前的自己。使你成長到這種現況，都是潛意識的功能，因為潛意識使我們的肉體能夠存在於這世界，因此，它也應該有能力治好肉體上的疾病。不過要如何去邀請潛意識呢？這就是問題的關鍵了。

任何一種宗教都有奇蹟，佛教、天主教、基督教都能顯示奇蹟。這是因為當一個人的心中充滿了宗教氣氛，顯意識會暫時停止活動，使潛意識浮出表面，直接發揮功能（奇蹟發生）。

對於一般人而言，潛意識容易用來治癒皮膚長疣。雖然大家都說身上長的疣是一顆一顆數好的，但我倒認為是患者心裡一邊希望皮膚痊癒，一邊數著身上的疣才使它痊癒的。摩菲博士也曾自己治好了醫生都沒辦法的惡性皮膚病。他的祈禱方式如下：

「我的肉體和器官全都是由我潛意識中的萬能知性所製造出來的。就像製造鐘錶的人可以修好鐘錶的故障一般。潛意識的智慧也應該能改變自己所製造的器官、組織、肌肉、骨骼等一切原子，把病治好。我知道現在治療已經開始進行了，我很感謝你。我體內的『創造性知性』真偉大！」

摩菲博士每天祈禱兩三次，每次約五分鐘，將這些祈禱詞直接說出。結果過了約三個月，他的皮膚病就完全好了。

圓夢小語

我的免疫系統創造健康。

65 潛意識有助維護健康

想將潛意識應用在健康方面，必須經常在腦中描繪健康的形象。

我們的意志力無法任意操縱潛意識。把食物吃進肚子，即使命令身體不可以消化，食物還是會被自然消化。血液不斷在體內循環，這也和自己的意志力無關。雖然如此，但並不是說完全沒有方法利用潛意識，我們可以利用顯意識，在自己心中製造出一個形象，再把它交給潛意識。

有位牧師住在南非約翰尼斯堡，他被醫生診斷為肺癌。以當時的醫療技術來說，這種病是絕望的，因此這位牧師就想到利用摩菲理論。於是他想辦法讓自己在精神和肉體上，每天完全放鬆幾回。要做到完全放鬆的方法如下：

「我的腳尖已經放鬆了。我的雙腿也放鬆了。我的腹部肌肉已經放鬆了。我的心臟和肺部也都放鬆了。我的雙手也放鬆了。我的全身都完全放鬆了。」

這樣暗示自己，經過五分鐘就會開始進入恍惚狀態。進入恍惚狀態之後，他就開始用下述的話祈禱：

「神的完整性現在即將透過我的肉體表現出來，完全健康的形象正充滿了我的潛意識。神看到的是我完美無缺的形象，因此我體內的潛意識，會和存在於神心中的完整形象呼應，重新創造我的肉體。」

結果，這位牧師的病痛就這樣奇蹟地治癒了。

如果你的身體有疾病，不妨利用這種方法試試看。這種方法和醫生的治療以及服用藥物完全不衝突。正如《聖經》所說的：「你充滿信心，在祈禱中所要求的事——無論任何事，你都可以獲得它。」

圓夢小語

我選擇健康，我擁有健康。

66

放鬆全身來發揮潛意識的功能

想利用潛意識，必須講究放鬆的技巧。依照順序，命令每一條肌肉放鬆比較容易做到。

當你的顯意識胡思亂想而肌肉緊張，潛意識是很難發揮功能的。因此想要利用摩菲理論，應先學會如何放鬆肌肉。關於這一點，如前述約翰尼斯堡那位牧師的方法，從腳尖開始，依序命令每一條肌肉放鬆，這樣的方式比較有效。

首先命令右腳的腳尖放鬆，接著命令腳踝、膝蓋、大腿，依序往上進行。然後再以同樣的方式，從左腳腳尖開始，接著依照生殖器、腸、胃、心臟、肺、頸部，往上升高。再從右手指尖開始，依手腕、手肘、肩部的順序，使所有肌肉放鬆。最後使下巴（放鬆後會感覺口部稍微張開）、鼻子、眼睛、耳朵、頭部依序放鬆。熟悉之後，全部的過程只要三十秒就可以完成。放鬆以後，你會覺得無力舉起手來，陷入一種迷迷糊糊、半睡半醒的狀態。這時候你要儘量去想你所希望的形象，因為你正想像著自己理想的形象，所以心情會很快樂而且平靜。

你在一天之內可以放鬆好幾次。如果你整天在家，隨時都可以進行；上班族則可以利用上、下班搭車的時候閉目進行。另外下班後，吃晚餐前，也可以躺下來做一次。最後在就寢前一定還得再進行一次。

肩膀痛、頭重、頭痛都是屬於一種不定愁訴（有不適但原因不明）的病症，無法對症下藥，如果能夠耐心地用這種放鬆肌肉的方法，一定能治好這些病。人們很早就知道，人的心思和肉體狀態有密切的關係，而且最近醫學界也愈來愈重視「心身醫學」（Psychosomatics），再說這種放鬆肌肉的方法，不但對精神方面有效，同時也能使肉體功能和諧。

圓夢小語

放鬆是很好的，我每一個部位都是放鬆的。

67 催眠術能激發潛意識

催眠術是激發潛意識的一種方法。

第一次將催眠術應用在治療方面的是德國人法蘭茲．梅斯梅爾（Franz Mesmer，一七三四～一八一五年）。一七七八年，密斯梅爾在巴黎開了一家診所，可是這家診所和普通醫院完全不一樣。

他的診療室排掛著珍貴的圖畫，室內裝飾採用水晶玻璃，連所用的時鐘都是洛可可式的高貴鐘錶，地板上舖著高級的地毯，看起來像是王公貴族的私人華麗房間，房間中央則放著一個圓形的木桶，有好幾根鐵棒從桶內向外突出。當病人握著鐵棒，在房間角落裡的樂隊，就會開始演奏音樂。這時候，盛裝的梅斯梅爾先生才緩緩地出現。他配合著音樂環繞病人四周，並用手去觸摸患部。

所有患者都迷迷糊糊的。一段時間後，音樂停止，梅斯梅爾也不見了。等患者清醒過來時，他的病已經好了。

梅斯梅爾表示，這種效果是根據「動物磁氣」的原理，他把這種治病法命名為「梅斯梅爾治療法」。以現代的科學眼光來看，這是一種毫無根據的騙術。但他的治癒率非常高，連國王路易十六世都曾請他治病。說穿了，他所用的方法就是現在的「催眠療法」。而所謂的「催眠療法」就是讓你的顯意識模糊，以激發你的潛意識為目的。因為顯意識有判斷力，所以病患清醒時，即使受到暗示，也會加以否定，而潛意識便遵從顯意識的判斷。

可是當顯意識模糊，潛意識就會接受暗示。一旦接受，潛意識便會使暗示實現。

圓夢小語

我感覺輕鬆自在，周遭的一切都處於和諧、平靜的狀態。

68

潛意識感應可使病體痊癒

住在洛杉磯的子女，為紐約的母親祈念，只要潛意識有感應，病就會痊癒！

潛意識只有一個，而創造世界的人也只有一個。潛意識既沒有時間的差別，也沒有空間的隔閡。透過你發揮的作用，以及透過你的母親（不限於母親，任何人都可以）所發揮的作用，基本上都是同一條心。

有一位住在洛杉磯的女性，她曾聽說摩菲博士的理論，為了住在紐約罹患冠狀動脈血栓症的母親，作了如下的祈願：

「我想要治病力產生於我母親所居住的地方。我母親的身體狀況就像X光片一樣，只不過是她思想生活的一種反映而已。我知道想要改變銀幕上的影像，必須換裝軟片。現在我的心，將要代替我母親的攝影軟片，我要把調和、無缺點以及健康的形象投影在我心中，創造母親身體和全身器官的無限治癒力。現在開始，對她身體有益的一切原子滲透進去，而和平的河流正通過她身體每一個細胞，醫生會在萬能的智慧引導下，對母親做最適當的醫療。我知道疾病不是真正的存在，只不過是一種不調和所引起的。現在我要和『愛』以及『生命』的永恆，一起攜手邁進，我知道母親的身體，一定會出現調和、健康和平安，同時命令潛意識去實現它！」

她每天數次進行這種祈禱，結果她母親的病情幾天後便大為好轉，令主治醫生驚訝極了！這些都是女兒的潛意識超越了時空，發揮創造活動，透過她母親的肉體顯現出來。即使母親不知道女兒為自己祈念，虔誠的祈願仍可以產生很好的效果。過去沒有人能充分說明其中的道理，可是摩菲理論卻能合理地加以說明。

圓夢小語

我從內在看到健康。

69 明確的肯定來達成期望

如果明確肯定你所期望的事情，就可以獲得奇蹟性的效果！

數學問題的正確答案通常只有一個，可是數學老師的經驗說，學生的答案真是各式各樣，無奇不有！令人難以相信，為什麼會有這麼多錯誤答案？像這樣「正確的答案只有一個，可是錯誤的答案卻有無數個」，表示數學是有原理存在，但錯誤是沒有原理存在的。同樣道理，真理是有原理存在，而虛偽沒有；知性有原理，但無知沒有。

人體的健康只有一種，可是疾病的種類卻有無數種！這個事實和數學「正確答案只有一個，可是錯誤答案卻有無數個」相同。換句話說，健康是真理，也就是健康才是我們本來應有的形態，而潛意識則是健康的指南。因此我們在祈禱時，只要肯定這種原理，就可以獲得奇蹟性的效果。

摩菲博士的妹妹凱莎琳在英國決定要開刀切除膽結石，醫院採用過各種檢驗方法及X光攝影等來診斷她的病情。可是當時住在六千五百英里之外的摩菲博士，決定不去考慮妹妹的病情如何，而很虔誠地做了好幾百次「肯定原理」的祈念。

「目前凱莎琳已經很平靜，心情開朗，每天過得很好。創造她肉體的潛意識，已經開始依照全身器官的完整模型，來重新改造她身體內所有的細胞、組織、神經以及骨骼。在她體內潛意識裡的錯誤想法所造成的形態，已經逐漸被消滅。根據生命原理所發動的活力、健康和美麗，正逐步顯現在她身體中的每一個細胞……」

過了二星期後，再度進行檢查時，凱莎琳的病症竟完全好了，醫院也認為不必開刀！

圓夢小語

我所做的每一件事都是明確的、肯定的。

70 說服人類的理性

要使現代人真正相信，首先要說服他的理性。

相較於科技理論不發達的古代人，要讓接受科學教育的現代人相信某件事，如果不搬出科學根據可能很難取信於人。

美國人昆帝博士注意到這一點並獲得很高的成就，他是「精神療法」的創始人之一。他所用的方法是，當他想要治療一位知識程度較高的病人，會先跟病人徹底討論有關潛意識的問題，先讓病人了解潛意識的本質，然後再指導他如何進行祈念。

他向病人說明，一切治病的基礎，都在於改變自己的信念。他強調人體和體內所有器官，都是潛意識所創造的，因此潛意識一定知道治病的方法，也可以進行治療。

人體內的自然治癒力，首先創造了全部器官，因此擁有全部細胞、神經和組織的完整原形。故健康是本來該有的形態，也是人的唯一真理。疾病是一種充滿疾病的不健康心理所造成的影子。

經過一番說明之後，即使原本擁有自然科學知識的病人，也能重新認識宇宙的真理，並且可以接受、相信它，進而進行祈念。這不是一種反科學的迷信方法。

於是病人可以從古老的想法中獲得解放。因為人體的精神只有一種，所以實施者所相信的事情，也能應驗在病人身上。

昆帝博士就以這種方法，治好了一位癱瘓的老婆婆，使她能站起來走路，也實現了宗教所顯現的奇蹟。

圓夢小語

我要與潛意識成為好朋友。

71 不要有先入為主的觀念

即使不去管潛意識，潛意識也會照顧我們的身體，可是顯意識往往會妨礙它。

請各位注意觀察阿米巴原蟲等單細胞生物。單細胞生物沒有器官，但是它依然進行著運動、吸收營養、消化、排泄等作用。由此可見，單細胞生物體內，擁有發動這些行為的精神作用和反作用。

對於人類的眼睛、耳朵、心臟、肝臟、膀胱以及細胞組織來說，這些器官都是由擁有集團知性的細胞所構成，根據集團的知性來協助運作，同時實行著它的首領（潛意識）的命令。所以每一個細胞和器官，即使我們不去管它，它也會自己活動。但是顯意識常常會去干擾它，相信錯誤的觀念而帶來恐懼，使整個人體器官產生一陣混亂。當你把恐懼、錯誤的觀念，或否定性的模式，帶入潛意識中，完全被動的潛意識就會按照你給它的設計圖來進行。

例如：比較容易過敏的人，只要他心中想著，吃了某種東西就會拉肚子，那麼他一定會拉肚子。由此可知，顯意識的否定性想法，很容易使潛意識的活動產生混亂。而人若極度恐懼、煩惱、不安，他們的想法會擾亂神經和內分泌系統。

我有一位朋友，每次吃生魚片就會拉肚子，可是他很喜歡且常常吃，但餐後一定會服用整腸的藥物。有一次我和他一起吃生魚片，便先對他說：「我和你一樣，吃了生魚片就會拉肚子，所以要先吃藥。」然後我就吃了德國製的藥片，同時也給他吃。後來他告訴我，吃過藥後，第二天並沒有拉肚子。實際上，我給他的藥片只是防止口臭的喉糖，和胃腸沒有任何關係。由此可見，疾病和一個人的心理有密切關聯。

圓夢小語

調整你的左腦，開發你的右腦，讓你大事小事沒煩惱。

72 改變想法，使身體更健康

人體細胞每十一個月換新一次，如果你改變想法，一年之內，就可以改造身體。

人體的細胞不斷在換新，根據醫學研究報告，人體細胞每十一個月就會換新一次。因此，站在肉體的立場來看，你只不過出生十一個月而已，而且再過十一個月，你又可以再度復活。所以為了煩惱、嫉妒……等情緒弄壞身體，或是生病的人，應該把責任歸咎於你的顯意識。摩菲博士以一位住在印地安那州波里市、罹患了脊椎結核病的少年安德烈的奇蹟為例，來說明這件事。

安德烈被醫生宣告罹患絕症，可是他不氣餒，每天反覆對自己說：

「我很健康、強壯、富有愛心，凡事都很和諧而且幸福。」

這些詞是他每天晚上就寢前必唸的，同時也是早上睡醒時，開口說的第一句話。他使自己的想法朝向「愛」和「健康」，同時為了表達自己的心意，他也為別人祝福。若是心中產生了對疾病的恐懼或憎恨，以及對健康者嫉妒的念頭時，他會立刻加以否定，儘量把自己的心思轉向愛和健康方面。

製造他身體的萬能潛意識，終於對他的習慣性想法產生反應。換句話說，**他的潛意識依照他顯意識所作的設計圖，重新改造了他的身體**。結果這位本來在地上爬行的駝背少年，變成了一位健康且姿勢良好的青年。

圓夢小語

我很健康、強壯、富有愛心，凡事都很和諧而且幸福。

73 讓身體發揮調和的原理

健康才是正常現象，疾病是異常現象。調和的原理天生就存在於我們體內，應儘量讓它發揮功能！

有一位參加摩菲博士演講的青年罹患了眼疾，醫生告訴他必須開刀。但是他聽完摩菲博士的演講後認為：「既然我的潛意識製造我的眼睛，那麼它應該也可以治好眼睛！」

因而他每天晚上就寢前，進入似睡非睡的狀態時，就儘量想像著那位眼科醫生站在自己面前，檢查了他的眼睛後告訴他：「奇蹟發生了！」在每天晚上入睡前的五分鐘，他會聽到這句話好幾次。

三星期後，他再度去看那位眼科醫生，結果醫生告訴他：「真是一件奇蹟！」也就是說，他的眼疾已經奇蹟治癒了！這究竟是怎麼回事？

是他的潛意識重新改造了他的眼睛。因為潛意識擁有製造眼睛的完整原形，而他只是激發了潛意識發揮功能，依照這個原形加以改造罷了！他把自己所描繪的一幅圖畫，刻印在潛意識中，也就是藉著強烈的信念和期待，將醫生驚訝地說：「這是奇蹟！」的情境，描繪成一幅圖畫，灌輸給潛意識。

一般來說，潛意識比較容易接受並反映已經繪成圖畫的訊息。其實潛意識裡本來就存在著調和的先天性原理，因此人體在健康情況下才是正常的。結果他就恢復正常了！

圓夢小語

我隨時讓自己保持在全然的調和中，身、心、靈三方面都同步在進化。

74 好男人常在女人不斷想像後巧遇

女人若不斷想像自己所期望的男性個性和特質，結果就會遇到理想的對象。

刻印在潛意識裡的任何東西都會實際顯現出來，所以如果希望能夠吸引理想的男性，就必須把你所期望的男性，其個性和特質刻印在潛意識中，由此開始進行。現在我來介紹其中的技巧。

晚上坐在靠背椅、沙發上或躺在床上時，閉起雙眼儘量放鬆，穩定心情，使自己能夠接受一切，然後對潛意識說：

「現在我把一位忠厚老實、喜愛和平又充滿幸福的男性吸引到我的身邊，我所尊敬的各種特質逐漸輸入我的潛意識裡，在我思考這些因素時，這些因素逐漸成為我的一部分，在潛意識裡顯現。」

此外，也可以這樣說：

「這世界存在著一種難以抵抗的牽引法則，而我根據潛意識的信念確信能夠吸引一位理想的男性，在潛意識中感到真實的事物，一定會被我所吸引。」

要持續進行把這種想法灌注於潛意識的工作，結果一定會吸引到擁有所有你心目中理想特質的男性，同時這位男性也會因自動發現你而慶幸。潛意識會以意想不到的方法讓你們兩位相遇，這就是潛意識所擁有無法改變也無法抵抗的巨大力量。你要隨時擁有貢獻自己的愛和協助別人的善心那種強烈願望，那麼你就可以準備接受潛意識即將給予的「愛的禮物」。

圓夢小語

具象化：看見完美的結果。投入感情：想像那種感覺。

75 好女孩常在男性不斷描繪後相遇

如果希望娶到理想的妻子，首先必須在心中描繪理想女性的特質。

如果你相信娶一位好妻子對自己的人生有很大幫助，首先必須去思考自己所追求的女性應該擁有那些特質，而且平時要經常在心中描繪這些特質，否則很容易被一些庸俗的女性所迷惑，在結婚後後悔終生。

如果是對自己的將來和子女問題有深入思考的男性，請依照下述的祈願詞來灌輸給自己的潛意識。

「我現在正要吸引符合自己理想的女性，這是代表精神上的合一，因為這是透過二人共通的潛意識所安排。我肯定地說，這位女性必須擁有以下的各種特質：她必須尊重我的精神生活，是一位很忠實的女性。她的個性必須很和諧，喜愛幸福，我們彼此都無法抗拒地為對方所吸引。和愛、真實以及與美有關的事物本能地輸入我的經驗裡，我現在願意接受理想的伴侶。」

當你對所追求的配偶問題給予更多關心，並時常去思考，你就會在自己心中建立一種相對的精神，於是你的潛意識會依照它的秩序讓你們碰面。

我有一位朋友在美國拜訪了一位有名的哲學家，在對方的家裡接受款待，因為這位哲學家的夫人也是哲學家，所以他對他們家庭氣氛的印象很強烈，自己也希望能娶這樣一位女性為妻。他回國後雖然有許多相親的機會，但都沒有成功，最後他和一位偶然認識的某一所女子大學的女性哲學講師結婚，目前他的生活很幸福。

圓夢小語

我可以把一些和我思考重心相關的人、環境與訊息吸引到我的生活中。

76

潛意識能幫助婚姻幸福

一位女性離婚三次，獲得潛意識的幫助，在第四次得到幸福的婚姻。

一般來說，結婚三次都以離婚收場的人，第四次結婚也很難圓滿。但是我知道有位女性經過三次離婚，卻在第四次獲得了幸福。下面我們來看看她是如何獲得潛意識的幫助。

這位女性結過三次婚，可是三位丈夫都是態度很消極的人，不管做任何事情都是由她出主意，因此她一直感到很不滿。

根據摩菲博士的觀察，發現這位女性比較男性化，態度傲慢，而她的潛意識希望有一位能使她扮演主角、態度消極會服從她的男性。因此她潛意識所描繪的形象，就吸引了她所期望的男性。

換句話說，她的潛意識是希望能嫁給一位態度消極、願意接受太太指使的男人，但是她的顯意識卻希望能嫁給一位能夠指導自己、擁有男子氣概的男人。這是一個人心中有兩種不同意識的矛盾例子，而通常潛意識會獲勝。接受摩菲博士指導並發現其中的道理後，她就做如下的祈願：

「我正在自己心中創造自己所希望的男性形象，我所希望的男性必須身體強壯、充滿愛心，頗有男子氣概，事業成功，而且個性忠厚老實，如果我跟他結婚一定會得到愛情和幸福。若有他領導我，任何地方我都願意跟他去，我願意把我的愛、善意、快樂，以及健康的身體獻給他，你已經知道這樣的男性在哪裡，相信你會依照你的方式讓我們兩人相遇、結合在一起。」

不久之後，她就在新職場認識了一位她心目中的理想丈夫，婚後過得非常幸福。

圓夢小語

期待未來最棒的方法，就是去創造它。

77 別擔心何時能遇到理想對象

「何時、何地、如何遇到自己祈求的結婚對象？」你不必為了這個問題擔心。

你所祈求的對象、你所要全權委任的對象是全能的潛意識，因此，你不用擔心自己要在何時、何地、以何種方式與自己所祈求的對象相遇的問題。你可以完全信賴潛意識的智慧，因為它知道該如何去做，所以你不必擔心實現的方法，如果你太過於擔心，你的頭腦會影響潛意識，這樣反而不好。

我有一位朋友很喜歡音樂，他在一所學校當老師，希望能和一位會彈鋼琴的女性結婚，共同建立文學和音樂氣息濃厚的家庭。

但是事實上，他完全沒有機會去認識音樂界的人士。於是我告訴他摩菲博士的理論，要他用祈願來強調心中女性的特質，並在心中熱烈追求，彷彿吃下去的蘋果能夠成為自己的血液般去吸收對方的影像，直到成為自己的一部分為止。他也接受我的建議去實行。

有一天，去聽音樂會回家的途中碰到了老友，一起到居酒屋去吃飯。在彼此敘舊當中，他告訴對方說「自己很想建立一個充滿文學和音樂氣氛的家庭」，這位朋友剛好認識一位剛從大學音樂系畢業的女性，後來他就介紹二人認識。一切都進行得很順利，他便如願以償地與這位女性結婚。

目前他們已經有了孩子，家庭中充滿了音樂氣息，同時彼此之間的談話都牽涉到文學和藝術方面的話題較多，可以說完全實現了他的理想。

圓夢小語

我們都可以獲得自己信心滿滿地期盼的一切。

78 別在心中植下離婚的種子

離婚首先是在心中開始萌芽，法律手續只是形式上的問題，換句話說，只是一種表達心中念頭的方式而已。

摩菲博士的朋友當中，有一對結婚才幾個月的年輕夫妻要離婚。經過和年輕丈夫交談之後，摩菲博士發現他心中一開始就害怕被妻子拋棄，他預料他的妻子會討厭他，並且會對他不忠，而這種想法從未離開過他的腦海，因此這種煩惱、不安的情感逐漸在他心理上形成強大的壓力，使他心中充滿了離別和疑惑的情緒。

同時，女方也對他逐漸冷淡，原因是男方所抱持的消極態度和失落感影響了兩人的生活。

依照作用和反作用的因果法則，他們彼此形成敵對的心態，造成這情況的原因是男方的想法，也就是潛意識的內容，造成的結果則是潛意識的反應。

他的妻子終於與他分居並提出離婚要求，這件事就是他當初所害怕的。這表示好的想法會製造出好的狀況，而否定性的想法則會製造出否定性的結果。

摩菲博士詳細地對他們兩人說明了潛意識的法則，讓他們知道離婚的念頭首先是在心中產生的，而法律手續只不過是外表的形式而已。

結果兩人都尊重摩菲博士的忠告，停止懷疑對方，以愛及和平來相處，後來他們的婚姻相當圓滿。

圓夢小語

思想是原因，環境是結果。

79 你有權選擇幸福的生活

你有選擇幸福的自由，也可以把幸福的生活當作你的習慣。

幸福的生活是形容一個人的心理狀態。每個人有選擇幸福和不幸福的自由，這種說法聽起來過於簡單，可是這是事實，這個事實可能也是許多人在追求幸福的途中容易失敗的原因。換句話說，大多數人還不太懂獲得幸福的秘訣有多麼單純，實際上人生最偉大的事是很單純的。

現在我們就要從選擇幸福這件事開始，首先在早上起床時，你要平靜地對自己說：

「今天我要選擇幸福，要選擇最適當的行為，要選擇對大家充滿愛和善意的行動，要選擇和平。」

你不可以把這些話隨便說說就算了，一定要全神貫注，把你的生命和愛注入其中，這就等於你選擇了幸福。隨後你會發現你四周的狀況，也會依照你所選擇的幸福方式展開。

許多人容易在心理上產生一種否定性想法而招來不幸。例如：「今天日子不好，做什麼事都不會順利」「今天做事可能不會成功」「大家都在反對我」「今天生意不好，看來情況會愈來愈壞」「最近每天都遲到」「恐怕永遠無出頭之日」「他是可以做到，但是我做不到」……等等。

如果你在早上睡醒的時候有這種心態，就會把這些不好的事情吸引到自己身邊，親身去體驗而真的陷入不幸，因此我希望你要養成選擇幸福的習慣。

圓夢小語

我把選擇權用在正確的地方。

80

原諒他人就是祝福自己

不肯原諒別人，等於是在自己身上留下永遠的傷痕。

假定一年前你手上長了個瘡，當時應該相當疼痛，但現在已經不痛了，因為大自然的生命力能醫治傷口、消除疼痛。

同樣地，如果有人傷到你的心，對你說謊或造謠中傷，你想到這個人時，會不會產生否定性的心情呢？你會不會一想到這個人就一肚子氣呢？如果有這種情況，那就是憎恨的根源還未消除，一直留在你的體內，破壞你的善意，就好像自己擁有永遠疼痛的傷痕一般。

肉體的疼痛不久會消除，因為治好傷口是大自然生命的意志，再加上你本身也很想治好它，也就是說，你的意志和大自然的生命相同。

可是內心的傷痕與疼痛不容易消除，這究竟是為什麼呢？因為你違背了大自然生命的意圖，不肯原諒人。

請你要詳細檢討一下，**自己的想法、各種反應和感情的主人不是別人，而是你自己**。只要你具有堅強的意志，不想受傷，那你的心就永遠不會受傷。

如果有人說出會傷你心的話，你寬恕他，並且祝福他，因為祝福別人等於是祝福自己；同樣道理，憎恨別人等於是憎恨自己，這些都是潛意識的真理。

圓夢小語

我原諒我自己，我被原諒了，我原諒所有人。

81 只赦免對方一次

原諒對方等於是赦免對方，但是你不必赦免二次。

要原諒別人實在是一件困難的事，如果你能坦誠做到這一點，在你的人生中一定會產生奇蹟。

下面我來介紹其中的技巧。

首先你要放鬆心情、消除緊張，然後閉目思考，按照如下的方式來肯定自己：

「我很坦誠地原諒某某人（要說出對方的姓名），在精神上我完全赦免他，有關那件事我完全原諒他。現在我很輕鬆，而他（或她）也很輕鬆，我心裡很高興，今天是我赦免他的日子。我要赦免過去曾經傷害過我的所有人，同時我祝福他們能夠得到健康、幸福。

我以充滿愛的心情很誠懇地做這件事，今後如果我想起曾經傷害過我的人時，我會對他們說：『我已經赦免你了，現在一切恩惠都屬於你。現在我覺得很自在，你也很自在。』」

這種方法很了不起。真正要原諒對方的秘訣是，一旦你原諒了對方，就不必再讓對方侵入心中，也不必再一次去赦免他，每次想到他便為他祝福就可以了。經過幾天後，關於對方和不愉快事件的記憶，就會逐漸模糊褪色，自然從你的腦中消失。

圓夢小語

我原諒我自己，我被原諒了，我原諒所有人。

82 改善不良的習慣

現在的你等於是過去種種習慣的綜合，習慣相當於潛意識的一種型態，所以你必須先改變這個型態。

現在的你是過去的習慣集合而成的，習慣是你潛意識的表現。你學會游泳、騎腳踏車、跳舞、開車等等，是過去經過多次有意的反覆練習，最後在潛意識中建立了一條路線的結果。一旦到達這種程度，潛意識中的自動習慣就會承辦一切，這也就是所謂的第二天性。換句話說，也就是對你的想法和行為所做的潛意識反應。

漢斯先生因為染上了酗酒的惡習而感到痛苦頹喪，他曾經好幾次想戒酒，可是每次都失敗了，結果讓他產生一種「自己的意志很薄弱」的觀念，暗示潛意識使他的弱點更加惡化，引起他在人生中一連串的失敗，最後他不得不跟妻子分居。

他來求助於摩菲博士時，博士勸他不要再有「用自己的意志力戒酒」的念頭，因為這樣做會在心中產生糾葛掙扎，同時勸他要儘量放鬆心情，在半睡半醒中想像自己的願望已經達成的情況。他答應利用潛意識的方法戒掉惡習，因此他儘量想像自己女兒看到父親戒酒而高興地說：「爸爸能在家真好」的情景。

每次他發現自己快要被惡習打敗時，就放鬆心情儘量去想像笑顏逐開的女兒和全家和樂融融的情況。雖然進行得很慢，但是在他的潛意識中逐漸建立了新的習慣，也就是想像全家幸福的場面，比自己喝酒的形象在心中所占份量更大。

後來他酗酒的習慣逐漸改善，重新拾回了幸福的家庭，他甚至把這種方法利用在事業上，成為一位營業額有幾億美金的企業董事長。

圓夢小語

我有健全的自我形象。

83 擺脫不良的忌諱

忌諱是潛意識的一種習慣，所以可以很容易擺脫。

布魯克先生雖是一位年收入二十萬美金的超級業務員，可是最近兩個月來，他看到每個家庭都將他拒於門外，推銷商品時，常常已經快要說服顧客簽名了，最後關頭卻都沒有成功，因此他想可能有什麼不祥之物在糾纏他。

摩菲博士聽完他的話之後，發現了如下幾點：

三個月前，布魯克先生對於一位答應在契約書上簽名最後卻反悔的牙醫師感到很生氣，懷恨在心，以後面臨其他顧客時也擔心會重蹈覆轍，而在潛意識中產生害怕的心理，這種心理障礙逐漸在他心中構成一種到最後關頭會被取消的信念，於是產生惡性循環，這就是造成他挫折感和失敗的過程。他的經驗就是人們常說：「我最害怕的事情發生在我身上」這句話的寫照。

布魯克先生終於領悟到，問題的關鍵在自己心中，最重要的是必須改善自己的心態。最後他終於克服這一連串的不幸事件，方法是每天早上要訪問顧客前會先藉由冥想，自我肯定：「我與不懂任何困難障礙的潛意識同在，我會憑良心來盡自己所能，相信潛意識一定會有所回報。」

每天早晚反覆做這種祈願一段時間後，他就在潛意識中建立了新的習慣，再度成為一位成功的業務員。

圓夢小語

我善用積極、正面的自我肯定。

84
酗酒的原因是自己的思想念頭

酗酒的真正原因是否定性、破壞性想法所造成的，換句話說，當事人本身的思想念頭才是酗酒的真正原因。

每一個酗酒的人，內心都有無限頑強的自卑感、不適應感、失敗感和挫折感，甚至在心靈深處存有敵意。酗酒的人為了能喝酒，會搬出一大堆理由，但是唯一的原因出在他的思想生活。

如果想戒掉酗酒的習慣，首先必須承認自己是一個酒鬼，這個問題是絕對不可以避開的。許多人不能戒酒的原因，就是他們怎樣都不願意承認這一點。

如果你有酗酒的惡習，就表示你心情不穩定，內心有糾葛，你可能是不敢面對人生而藉由喝酒來逃避責任。但是從潛意識的立場來看，等於是被關在自己心理上的監牢，受到自己信念、意見、訓練，以及環境的影響動彈不得。沒有一個人一出生就會酗酒，一定是經過一段時間的習慣所造成的，因為你的反應已經構成一種固定的條件反應。

潛意識是萬能的，它可以讓你從酗酒的惡習中解放。首先你可以放鬆精神進入半睡半醒的狀態，然後在這種平靜、安詳的狀態中，先去掉你心中對社會的一切敵意，儘量去想和平及偉大的生命力，最後用堅定的口氣對自己說：「我已經戒酒，獲得了心中的平衡，我會深深地感謝。」

如此反覆肯定自己，然後儘量去想像自己的親人和朋友們，對戒了酒的自己而說「恭喜」的情景，以及他們說話的聲音。你要反覆進行這種想像，直到心中產生滿足感為止，最後你一定能達成目的。

圓夢小語

我熱愛生命，生命是多采多姿的。

85

失敗常起因於恐懼感

恐懼感是人類最大的敵人，失敗、疾病、不良的人際關係背後一定存有恐懼感。

有一位學聲樂的年輕女學生，因為唱歌的聲音很美，所以好幾次被邀請去參加表演，可是每一次她都因怯場而失敗。

她每次上台時心裡都很害怕，站在心理學的立場來看，恐懼感是一種顯意識對潛意識所做的命令，潛意識會實際把恐懼感表現出來，於是會讓人失敗。上一次的表演，她唱錯音符當場哭了出來，後來她利用下述方法克服她怯場的恐懼感。

一天三次，她一個人關在房間裡，心情放鬆，坐在椅子上閉起眼睛、保持平靜。當一個人身心都很平靜，她的內心會變得被動而容易受到暗示的影響。

這時候，她對自己說：「我要儘量唱好歌，我內心很穩定、很平靜，而且充滿信心。」她像這樣暗示自己，同時儘量去想像自己在舞台上唱得很好的情景，最後，她利用這種暗示法消除了恐懼。

她每天花五到十分鐘的時間反覆慢慢唸著這些話，每天也進行三次的靜坐，另外在晚上睡覺前再做一次。如此進行一星期之後，她完全克服了恐懼感，充滿信心，做了一次很優異的表演。這就是克服恐懼感最好的具體例子。

圓夢小語

我有積極的人際關係，我享受我的人際關係。

86

要讓頭腦靈活，唯有克服恐懼感

不管是筆試或口試，參加考試時突然頭腦空白，都是因為恐懼感，若不克服恐懼感，頭腦就不會靈活。

許多人面臨考試時，很容易受到一種暗示而引起臨時記憶喪失症。這些人的情況大致相同，每一個人都會說：「當考試結束，我就會立刻想出答案，可是在考試時卻無法想出來。」你有沒有這種經驗呢？

一般說來，我們經常在思考的事物很容易被實現出來，此時所謂的「思考」是指注意力經常集中的事物。恐懼感的形成，就是因為內心在擔心失敗，如果你心中在擔心失敗，那麼潛意識就不得不失敗，這就是潛意識的法則。

有一位年輕的醫學院學生很聰明，成績是全班第一，可是無論是筆試或口試，只要面臨考試，即使是很簡單的問題他都無法回答，因為從考試前幾天他就一直擔心害怕。換句話說，他等於是對自己的潛意識要求讓自己失敗一般。

摩菲博士向他說明潛意識是記憶的寶庫，它會記憶下你所學習的一切知識，同時也會隨時反應來回報你的要求。如果你想跟潛意識保持良好的關係，就要放鬆自己的心情，對自己充滿信心。後來這個醫學院學生也了解這番道理。

因此這個學生就儘量想像自己獲得優秀成績，以及母親高興地向他說「恭喜」時的情景。他經常想像這種幸福的情形，結果自己的心靈深處引導出良好的反應和感應。他想像心目中所期待的良好成果，就等於是期望實現這種結果的方法能出現一般，因此他很輕易地通過了下一次測驗，在現實生活裡實現了他所想像的事情。

圓夢小語

我的心思很穩定、平靜，而且充滿信心。

87

勇敢戰勝害怕渡河的恐懼感

如果害怕渡河，你就游過去，如此一定能克服異常的恐懼感。

恐水症、懼高症、幽閉恐懼症等等，有些人會特別害怕某種事情。人類天生有兩種恐懼感，一種是墜落的恐懼，一種是對聲音的恐懼。這是為了維持生命而自然賜給我們的一種警報機制，所以正常的恐懼感是對我們有益的。例如，聽到汽車接近的聲音會馬上閃到路邊，這是對正常恐懼感所做的正常反應。

而所謂的恐懼症是屬於異常的恐懼，這種恐懼非常不好，而且具有破壞性的力量，如果經常有這種恐懼感，就會真的發生你所恐懼的事，就像人們常說的：「我所害怕的事情真的發生在我身上」。不過產生恐懼的原因，大多是無限制擴張想像力所造成的結果，因此有一種相當有效的辦法可以克服它。

如果你怕水，那麼一天三到四次，靜坐五到十分鐘，儘量去想像自己在游泳的情景，也就是說你要在心中游泳。這樣做是一種主觀性的體驗，你可以感覺到水的冰冷和雙手雙腳的動作。

這一切都是屬於主觀性的體驗，會在內心留下深刻的印象。這些並不是胡亂幻想的白日夢，因為你要知道，你在想像中所體驗的事情，會在你的潛意識裡鮮明地顯像出來，然後你就不得不依照刻印在心底深處的影像，把它表現在現實生活裡。這就是潛意識的法則。

同樣道理，懼怕高處的人，也可以利用相同方法來克服它。你要想像著自己登山的情況，積極感受其中的實感，並且享受優美的風景。連續這種訓練之後，你就可以實際登山，並充滿信心地克服懼高症。

圓夢小語

去做我們所害怕的事，恐懼自然會消失。

88

避免失敗唯有注意成功

如果你害怕失敗，就把注意力轉移到成功上。

如果你害怕失敗，就把注意力轉到成功上；如果你害怕生病，就要去想像完美的健康；如果你害怕遇到意外事故，就要多多思考神的庇佑；如果你害怕死亡，就要多多思考永恆的生命。

利用置換的法則就可以消除恐懼，你所恐懼的任何事情，都可以把它當作是你所期望的方式來解除。如果害怕生病，就要多祈願健康；如果害怕受到煉獄的煎熬，就要多祈願自由。要多期待一切良好的事情，把自己的心多集中在良好的事情上，同時你要相信，自己的潛意識一定會回答你的問題，而且絕不會有任何差錯。

我認識一位貧窮的天才學生，他在經濟方面非常困苦，所以經常在擔心能不能籌到足夠的學費，使自己順利畢業。雖然他的頭腦很優秀，但因經常操心，所以有時候他的學業成績不太理想。

我問這位學生說：「你將來想做什麼？」他說他想當外國文學學者，因此我就勸他不要再為目前的小事擔心，應該儘量去想像自己在教室授課的情形，或在書房裡研究文學的情況，或是到國外留學的景象，同時我特別叮嚀他，要畫出自己將來的理想書房設計圖。看起來他似乎很喜歡做這些事。

結果，在他身上陸續發生了奇蹟似的事情，他獲得了各種獎學金，也得到去國外留學的機會。後來他在學生時代所設計的最理想書房裡進行研究，如果當時他一直擔心學費問題，恐怕就沒辦法完成大學教育。

圓夢小語

把焦點放在所要完成的結果上。

89

晚年是一生最具生產力的年齡

你一生中最具生產力的年齡，可能是六十五歲到九十五歲之間。

潛意識絕不會老化，它是超越時間、超越空間、永生不息的，它是從宇宙初期就存在的一種普遍性生命的一部分，絕不會死滅。

舉例來說，潛意識彷彿大海，無限寬廣、無限深遠。大海的表面經常有波浪，而每一個波浪等於是個人的顯意識。每一個波浪的形狀都不一樣，但都是大海的表面，只不過是同一個物質的假象而已。過了一段時間，波浪一定會消失，從混沌初開到現在，究竟有多少人活在這世界上呢？所有人都消失又再誕生，每一個波浪都會消失，然後再誕生另一個波浪。現在看到其中一個波浪消失，有悲傷的必要嗎？反正所有的波浪都會變成同一個大海的水，而且不久之後又會變成另一個波浪。

我們依靠可以和大海相比的潛意識，才使相當於一個小波浪的我們能夠安身立命，能過著充實的幸福生活。就像大海不會老化一般，潛意識也不會老化，同時你的心是永生不死的。

俄亥俄州辛辛那提的醫生團體進行研究之後說：人只不過是年齡增加而已，並不會發生老化現象，能對內心產生有害影響的是對時間的恐懼感，並不是時間本身。

達爾文和康德完成他們的偉大工作，都是超過六十歲以後的事情；日本大財團三井的創始人，真正開始從事商業活動是他過了六十歲以後；而八十一歲才獲得日本藝術大獎的畫家地主悌助，也是到了六十五歲才轉入畫界。這位畫家說：「當我看到石塊，會感到石塊和自己的心結為一體。」這句話可說是從意識層面來衡量潛意識的一句名言。

圓夢小語

我是天生贏家。

90 潛意識經過一段時間就會給你答案

當顯意識一再思考而無法解決問題，潛意識還會繼續活動，就好像植物萌芽般給你答案。

關於這方面，日本國際級數學家，也是日本文化勳章得主的岡潔博士，在《春宵十話》中有親身體驗的紀錄。有一次博士遇到了很大的難題，開始的三個月裡一直找不到解決的線索，怎麼想也想不出可行的辦法，可是他仍勉強繼續努力著，結果每次開始思考難題時，剛開始的十分鐘精神還相當清醒，十分鐘後就變得無比困倦。

正在此時，他的朋友邀請他到北海道去渡假，他就在那裡繼續進行研究。多半時間他都躺在沙發上，而被人調侃是不是患了嗜睡性腦炎。可是到了九月的某一天，他吃過早餐後坐在客廳裡胡思亂想時，突然想出了一種方法，找到了數學史上大問題的答案。關於其中的過程，岡潔博士自己這樣說：

「持續了一段如墜五里霧中的時期，然後又來了一陣整天睡覺的發呆狀態，這些過程可能對這次的發現發揮了很大的作用。就好像把種子撒在地上需要一段時間等它萌芽，也像物質的結晶得被放置在一定條件下一般，做好成熟的準備後，還需要放置一段時間才能完全成熟。因此我認為，即使遇到無法突破的難題，也不要放棄，可以等待隱藏在潛意識下的東西慢慢成熟、浮現到表面，等它出現在表面時，一切的問題就自然迎刃而解。」

很少見到能將潛意識靈妙功能描述得這麼精彩的，而且這件事發生在這位世界級數學家身上，亦可以讓東方人感到自傲。

圓夢小語

從播種到收割，是需要時間與耐心的。

91 夢中常出現潛意識的重大發現

潛意識偶爾會在夢中顯示出顯意識所不知道的事情，往往會造成學術上的偉大發現。

以下介紹美國傑出動物學家奧格．希斯（Og Hiss）教授的體驗，並由他的妻子寫成傳記。

「他在石板上發現魚化石的痕跡，但是看不清楚，為了要正確解釋，他花了半個月的時間努力研究。但因為太疲倦了，所以他就停止工作，想把這件事完全拋諸腦後。

後來沒有多久，有一晚他在睡眠中，夢見那條魚不清楚的部分完全復原的情形，他隨即醒了過來，可是他醒過來之後，卻無法想起細節的部分。第二天晚上他又再度夢見那條魚，但當他醒過來之後，記憶又同樣變得很模糊。

他認為也許能再做一次同樣的夢，所以第三天晚上，就事先把筆和紙放在枕頭旁邊。到了凌晨，那條魚果然又出現在他的夢中。剛開始時不太明顯，但後來就可以看得很仔細，特徵明顯可辨。因此他就在黑暗中，半睡半醒的狀態下，把所看到的情形描繪在枕頭旁的紙張上。

第二天早上，他看到紙張大感驚訝，因為在紙張上，居然描繪著該化石無法顯現的幾項特徵。他立刻跑去觀察那塊石板，並且根據自己的描繪，利用鑿子逐漸削掉石塊表面，結果發現了這條魚所缺少的部分。等到整條魚浮現出來之後，完全和自己在夢中所看到的一模一樣，最後，他輕而易舉地成功分類了這條魚的化石。」

從這個例子可知，潛意識可看到連顯意識都無法看到的東西。

圓夢小語

我在夢境中接受奇蹟。

92 潛意識是一種超越時空的存在

潛意識是一種超越時空的存在，所以對於誕生以前的事情，它也能瞭若指掌。

有名的心理學家卡爾・容格（Carl Jung）主張：**人類擁有一種超越個人記憶的民族記憶或種族記憶**。他所說的當然是指一個人的潛意識。下面介紹一個例子，證實我們的記憶可以溯往到幾千年前。

美國賓州大學的赫爾・克雷希多教授在星期六晚上努力研究，想解開被認為是古代巴比倫人戒指上裝飾品的兩個瑪瑙碎片的謎題。但是研究沒有任何進展，他左看右看，盡全力去研究，到了深液，終於精疲力竭地上床睡覺。

此時他做了一個夢，在夢中看到一位大約四十歲、個子高高的尼普爾

（五千年前繁榮一時的巴比倫古都，大約在一八八九年被挖掘出來）祭司，把他帶到一座寺院的寶物殿來。這個寶物殿的牆上沒有窗戶，是一個天花板不高的小房間，地板上散落著許多瑪瑙和紅寶石。

夢中，那位祭司告訴教授說：

「在你書中的第二頁和二十六頁，分別記載著兩個瑪瑙碎片本來是合而為一的，而且它不是戒指。……本來這兩個環狀的瑪瑙是珍貴的耳環，而今晚你一直在研究的那兩個碎片是其中的一部分。如果你不信，把兩個碎片合起來，就可以知道我說的是真的。」

教授立刻醒了過來，結果他發現，夢中所看到的一切都是真實的。由此可見，潛意識是一種超越時空的超能力存在。

圓夢小語

我細心記錄我的夢境。

93 簡單的方法能讓潛意識引導你

希望潛意識能引導你時，最簡單的方法就是最好的辦法，答案會像麵包從烤麵包機中跳起一般顯示出來。

現在我要介紹摩菲博士本身的經驗。有一次博士遺失了祖傳的寶貴戒指，找遍了屋內都找不到。

到了晚上，博士以與親友談話般的口吻，對潛意識說：

「我相信你是無所不知的，當然你也知道那個戒指在那裡，請告訴我它現在在那裡？」

他第二天早上睡醒時，耳朵突然聽到一句話：「去問羅勃特好了」，他覺得要問今年才九歲的羅勃特有點莫名其妙，不過他還是按照心中所聽到的話去做。

當他向羅勃特查問，羅勃特說：「啊，我想起來了，我和朋友在院子裡玩耍時撿到那個戒指，現在放在我房間的桌子上，我不知道那個東西那麼重要，所以沒有告訴別人。」

只要你對潛意識有信心，他一定會回答你。如果你擔心要從潛意識那裡得到答案恐怕要花很長的時間，或是不容易做到，反而會使潛意識回答得更加延緩。若你擔心「恐怕很困難」，那麼潛意識也會產生這種想法。因為潛意識沒有問題存在，它只知道答案。所以我希望你相信潛意識的超能力，只需要關心問題解決時，你所感受到的喜悅程度就可以了。

圓夢小語

把事情簡單化，是解決問題的不二法門。

94

睡眠中接受潛意識的充電

祈禱是睡眠的一種型式，而睡眠也是祈禱的一種型式，人在睡眠中會接受潛意識的精神充電。

人類為什麼要睡覺？這個問題，醫生和生理學家還沒有找到充分的答案。大部分的人都相信，因為白天工作會使肉體疲勞，為了休養所以要睡覺，在睡眠中可以消除疲勞。

這種說法是真的嗎？實際上，在睡眠中沒有一個器官在休息，睡眠時，心臟、肺臟、肝臟，以及其他所有重要器官都在繼續活動。就寢前所吃的食物，也會在睡眠中繼續被消化和吸收，而皮膚依然會分泌汗水，指甲和頭髮也不斷在成長。

約翰·比格洛博士注意到，人體重要的機能在睡眠中也會不斷活動。

進一步研究的結果，將人類需要睡眠的理由斷定為：「我們靈魂中比較高級的部分需要超脫，要和更高級的性質合成一體，並參與高層次的智慧和意志。」

比格洛博士又說：

「經過研究，我發現睡眠的最終目的，並不是一般人所想的停止日常工作和一切活動。因為我相信在人類生活中，進入睡眠而跟現實世界隔離的那段時刻，是對於精神發展更均衡、更完美的，不可或缺的時刻。」

一個人能夠熟睡，表示他能夠充分依賴潛意識。病人多休息就能恢復得比較快，這是在睡眠中不受到顯意識的干擾，而使潛意識更能發揮功能的結果。

圓夢小語

我享受睡眠，我利用睡眠運作能量。

95 潛意識和顯意識常在睡眠中交流

睡眠是顯意識和身體深處的潛意識進行交流的時刻。

我們的顯意識在白天會不斷受到種種紛爭、爭論、煩惱等困擾，因此需要有一定的期間，把透過感覺器官流入的種種資料和訊息加以判斷，並安靜地去跟體內深處的潛意識交換意見。像這樣避免透過感官侵入的刺激或習慣，以及逃避日常生活的喧嘩和混亂，而進行定期性的保養就是睡眠。換句話說，睡眠的時候，你的五官與外界隔絕，而對潛意識則是保持覺醒狀態。

日本戰國時代的名將都會在血腥的戰鬥期間，儘量找出時間品茶吟詩。現代的大企業家也同樣會在一天的活動中，保留出幾十分鐘的時間，好讓自己與外界隔絕。因為一個人想要進一步去思考而獲得靈感，很需要一段安靜的時間，能讓自己的身心浸淫在宇宙中。

如果你今天起開始學習茶道，就不必整天跪在佛前誦經了。人類的睡眠是將自己跟外界喧嘩隔斷的最完美方式，所以我們應該重視就寢前的三十分鐘和睡醒後的十分鐘。

就寢前三十分鐘就開始讓身心放鬆，好讓自己進入能和萬能的潛意識交流的狀態，同時也在心中描繪自己的願望，然後心平氣和地入眠。

這種方式，過著單身生活的人隨時可以做到；而已結婚的人，配偶也應該有這種心理準備才好。所以有位好的配偶，人生的品質會更加提升；如果有位不理想的配偶，那麼實現願望就較為困難。萬一遇到這種情形，每個人要各自想辦法去改善自己的生活。

圓夢小語

我的五官完全放鬆，然後心平氣和地入眠。

96 睡眠時向潛意識請示難題

如果遇到難題而無法解決，最好利用睡眠時向潛意識請示。

我們的顯意識可以判斷一般的事情，但有時會碰到無法解決的難題，這時候最好超越時空，去請示不會受到過去和未來影響的全能潛意識。

一位年輕婦女經常聽摩菲博士演講，她在紐約市獲得兩倍於目前薪水的有利職位，但這位婦女現在住在洛杉磯，所以她拿不定主意，不知該不該前往紐約。於是，她將目前工作的公司和新公司比較一番之後，在睡前祈禱說：

「我的潛意識有創造性的知性，知道哪一方對我最有利；它可以提示我應該做的決定，好讓我將來更進步，並受到親戚和朋友的祝福。我相信它一定會給我答案，我也衷心感謝它。」

她在就寢前像唱搖籃曲一般，把這些簡單的祈禱文唸了好幾遍。到了第二天早上，她心中產生了一種預感，叫她不該接受新工作，所以她拒絕了該職位。以後所發生的一連串事情，更使她發現潛意識的指示的確非常正確。

因為在幾個月之後，要提供兩倍薪水給她的那家公司就破產倒閉了。雖然顯意識對於已知的客觀性事實能做正確的判斷，但潛意識能看到未來，而給這位婦女最適當的忠告，所以我希望你遇到難題時，要依賴你的潛意識。

圓夢小語

我相信潛意識會給我答案，我衷心感謝它。

97

潛意識能做更多的靈夢

如果多依賴潛意識，就能做更多的靈夢。

如果在就寢前多祈願，好讓潛意識能夠採取正確的行動，潛意識就會依照你祈願的內容，給你正確的指示來保護你。下面介紹摩菲博士自身的經驗。

第二次世界大戰發生之前，有人曾經邀請博士到東北亞去從事一份對他相當有利的工作。當時，博士為了下正確的判斷而作如下的祈願：

「我身體深處萬能的知性知道一切，相信依照它的安排能告訴我正確的答案，如果我獲得答案，我會遵從它。」

博士每天晚上就寢前，不斷唸誦這些簡單的祈願詞，結果他在夢中看到三年後即將發生的事情，鮮活地呈現在他眼前。在夢中，博士的老友現形對他說：「你不能去，你看看《紐約時報》的大標題」，他在夢中所見到的新聞內容，是有關第二次世界大戰和日軍偷襲珍珠港的事件報導。

照理說，當時連日本軍部都還未開始計畫偷襲珍珠港，所以在任何人的潛意識中，應該都不知道這件事，可是博士的潛意識卻請來博士所信賴、尊敬的老朋友來勸告博士回心轉意。聽說博士常做相當靈驗的夢。

有些人會在夢中夢見自己母親提出警告，例如，出現在夢中的母親會警告他不要到某處去等等。因為你的潛意識是無所不能的，因此只要經常接受它的指示，遵從我們睡醒時所顯現的靈感去做，就不會有差錯。

圓夢小語

我在夢中得到解答，我在夢中解決問題。

98

夢中常出現潛意識的靈感

有時候，潛意識會在夢中給你一部機械的設計圖。

根據接受摩菲博士指導的人士說：有一位在匹茲堡製鋼工廠當軋鐵工的漢瑪斯．史特洛姆，在夢中看到了機械零件的設計圖而獲得一筆可觀的獎金，並且被新聞界報導出來。

在工廠裡有個新設置，是把鋼鐵軋輾機送出來的鋼棒輸送到冷卻床的控制器，它的開關故障了，但是技師們沒辦法修復。工廠的技術人員曾經試過十多次想修好開關，卻都沒有成功。

漢瑪斯．史特洛姆便大動腦筋，想自己設計一種新型開關，但同樣也失敗了。

有一天下午，他躺下來想睡個午覺，不過在他入睡前還在思考開關的問題。後來他在夢中看到了一個完美的設計圖，當他醒過來，就按照夢中所看到的機械零件重新畫了一張設計圖，結果大為成功。

漢瑪斯．史特洛姆也因為這個新設計，獲得了一萬五千美元的獎金，這是工廠獎勵員工新構想所頒發的最高獎金。

通常，成功的企業家、學術家和設計師都會為了這些臨時出現的靈感，而在枕頭旁隨時準備著筆記本。聽說獲得一九四九年諾貝爾物理學獎的湯川秀樹博士，他的研究成果很多也是靠夢中得來的構想。

圓夢小語

在夢境中，我記錄下靈感。

99
成功的學者常求助於潛意識

想寫論文和小說的人如果求助於潛意識，能得到很大的幫助。成功的學者和作家，都是知道如何求助於潛意識的人。

著有《金銀島》及其他許多名著的英國詩人及小說家羅伯特·史蒂文生，在他《橫渡平原》（*Across the Plains*）這本書中，把夢中的對話寫成全章的篇幅。

史蒂文生習慣在每晚睡覺前，給潛意識做一個特別的指示。他每次都會要求潛意識在自己睡覺期間，展開所要寫的對話，而史蒂文生每次看到的夢中景象都很詳細，所以他能在睡醒後，清楚寫下夢境中的對話場景。

他把能給自己帶來各種新鮮夢境的潛意識稱為「小精靈」。「小精靈」是指在蘇格蘭傳說中，半夜會出現在農家幫助人們清掃房屋，或做脫榖工作的茶褐色小人。史蒂文生認為，潛意識會在他睡眠期間幫助他工作，所以就這樣稱呼它。這是由作家給潛意識所取的最合適的名稱。

他說這些小精靈會像講故事一般不斷說話給他聽，而身為作家的他，無法猜測這些小精靈會讓故事如何發展下去。不過史蒂文生找不到寫小說的材料時，就會拜託小精靈：「請給我一篇能暢銷且內容新鮮的小說吧。」結果小精靈就會在半夜把故事帶來給他，於是就構成了史蒂文生享譽國際文壇的二十部故事鉅著。

圓夢小語

我對夢中的對話很清晰、明白。

100

潛意識只有在與外界隔絕時才會出現

任何人心中都有萬能的潛意識存在，它在與外界景象、聲音等一切事物隔絕的情況下，才能被引導出來。

有一個男人很不甘心地抱怨著：「我希望讓兒子讀大學，並且買下一棟新的房子，可是一切都很不順利。」

摩菲博士跟這個男人談過之後，發現這位男士整天都煩躁不安。因此博士告訴他，所有人體內都有無形的力量存在，只不過要在和外界完全隔絕的靜寂環境中，才能把它引導出來，所以勸他儘量保持心平氣和、積極肯定的心態。同時提醒他，如果經常注意事物否定性的一面，恐怕會斷送一切前途。

這位男士遵從博士的指示，等到夜深人靜時集中注意力，以如下的祈願詞來肯定自己：

「我相信無限的知性會為我開闢一條路，使我獲得幸福，繁榮下去，也一定會安排使我的孩子能接受大學教育，豐富的財富也會像雪崩一般向我湧來。」

過了一段時間之後，他突然想到要拜訪以前的雇主，沒想到這位雇主立刻答應以高薪雇用他，同時把建在工廠附近的房子以便宜的價格讓售給他。

後來他的薪水逐步提高，完全解決了讓兒子上大學的問題。由此看來，他是從自己心底深處找出了他所要的答案，這一切，都是他在每天晚上平靜祈願所造成的結果。

圓夢小語

我保持安詳與寧靜。我相信並接受一切。

國家圖書館出版品預行編目（CIP）資料

成功路上，遇見心想事成的自己：運用潛意識，
你想的會成真／大島淳一著；蘇俊次譯.
-- 初版. -- 新北市：世潮，2020.02
面；　公分
ISBN 978-986-5408-15-2（平裝）

1.成功法　2.潛意識

177.2　　　108020608

暢銷精選 78

成功路上，遇見心想事成的自己：運用潛意識，你想的會成真

作　　者／大島淳一
譯　　者／蘇俊次
主　　編／楊鈺儀
責任編輯／李芸
封面設計／林芷伊
出 版 者／世潮出版有限公司
地　　址／（231）新北市新店區民生路 19 號 5 樓
電　　話／（02）2218-3277
傳　　真／（02）2218-3239（訂書專線）・（02）2218-7539
劃撥帳號／ 17528093
戶　　名／世潮出版有限公司 單次郵購總金額未滿 500 元（含），請加 80 元掛號費
世茂網站／ www.coolbooks.com.tw
排版製版／辰皓國際出版製作有限公司
印　　刷／傳興彩色印刷有限公司
初版一刷／ 2020 年 2 月
　　三刷／ 2022 年 5 月

I S B N ／ 978-986-5408-15-2
定　　價／ 300 元